新媒体视域下大学生
思想政治教育探究

张璐斯◎著

中国书籍出版社
China Book Press

图书在版编目（CIP）数据

新媒体视域下大学生思想政治教育探究 / 张璐斯著. -- 北京 : 中国书籍出版社, 2024.6

ISBN 978-7-5068-9882-9

Ⅰ.①新… Ⅱ.①张… Ⅲ.①大学生—思想政治教育—研究—中国 Ⅳ.① G641

中国国家版本馆 CIP 数据核字 (2024) 第 101124 号

新媒体视域下大学生思想政治教育探究

张璐斯　著

图书策划	成晓春
责任编辑	毕　磊
封面设计	博健文化
责任印制	孙马飞　马　芝
出版发行	中国书籍出版社
地　　址	北京市丰台区三路居路 97 号（邮编：100073）
电　　话	（010）52257143（总编室）（010）52257140（发行部）
电子邮箱	eo@chinabp.com.cn
经　　销	全国新华书店
印　　刷	天津和萱印刷有限公司
开　　本	710 毫米 ×1000 毫米　1/16
字　　数	194 千字
印　　张	11.75
版　　次	2025 年 1 月第 1 版
印　　次	2025 年 1 月第 1 次印刷
书　　号	ISBN 978-7-5068-9882-9
定　　价	82.00 元

版权所有　翻印必究

前 言

新媒体时代，高校思想政治教育工作进入了全新的布局。大学生思想政治教育工作需要紧跟时代步伐，不断改革创新。要做好大学生思想政治教育工作，更好地提升大学生的综合素质，高校必须用发展的眼光看待新媒体技术的发展所引起的社会变化，应该重视新媒体的重要作用，准确把握新媒体发展方向，立足新媒体使用实际，积极探索大学生思想政治教育在新媒体时代的发展规律，总结新媒体在大学生思想政治教育工作中的优势，加强新媒体在大学生思想政治教育领域的运用，及时抓住和充分利用好新媒体，找准关键点进行突破创新，这样才能进一步强化高校育人工作的针对性和实效性，让大学生思想政治教育获取更好的效果。

目前，大学生思想政治教育工作存在"说起来重要，做起来次要"问题，相比其他学科其教学效益并不突出。随着高校扩招、学生数量剧增，重视大学生思想政治教育的队伍建设对其全面发展具有重要作用。在日常教学中，教育工作者需要从学生的角度出发，利用新媒体技术构建与学生和谐相处的师生关系；结合网络教学平台，灌输正确的价值信念，在辅助学生提升思想境界的同时，与学生同进退、共发展，提升业务素质和教学效益。例如，组织学生到红十字会、医疗机构去顶岗实习，让学生体验真实的服务生活，探求知行合一的思想境界；让学生事后撰写个人经验感悟，经过教师批改后发布到校园广播平台、微信公众号上，并鼓励其他学生积极投身于公益服务活动，完善思想政治教育工作体系。

本书第一章为新媒体视域下大学生思想政治教育概述，分别介绍了新媒体视域下大学生思想政治教育的现状、新媒体视域下大学生思想政治教育的特点和优势、新媒体视域下大学生思想政治教育面临的机会和挑战、新媒体视域下对大学生思想政治教育的新要求四个方面的内容；第二章为新媒体视域下大学生思想政治教育的路径探索，主要介绍了三个方面的内容，依次是以新媒体平台为载体的教育路径、以社交媒体为依托的互动式教育路径、以大数据为支撑的个性化教育路径；第三章为新媒体对高校思想政治教育的影响，分别介绍了三个方面的内容，依次是新媒体给大学生学习方式带来的新变化、新媒体对高校思想政治教育环境的影响、新媒体对高校思想政治教育工作者的影响；第四章阐述新媒体视域下大学生思想政治教育中的媒介素养，依次介绍了国内媒介素养教育的现状分析、国外媒介素养教育的经验和启示、新媒体视域下媒介素养提升的紧迫性、新媒体视域下媒介素养的培养路径四个方面的内容；第五章介绍新媒体视域下大学生思想政治教育实践，主要介绍了五个方面的内容，分别是新媒体视域下大学生理想信念教育实践、新媒体视域下大学生爱国主义教育实践、新媒体视域下大学生道德规范教育实践、新媒体视域下大学生全面发展教育实践、新媒体视域下大学生就业创业教育实践；第六章为新媒体视域下大学生思想政治教育的创新探索，分别介绍了建设高水平网络思政教育师资队伍、变革思想政治教育教学的方式方法、搭建立体化思想政治教育平台、提升网络舆情引导的专业性四个方面的内容。

　　在撰写本书的过程中，作者参考了大量的学术文献，得到了许多专家学者的帮助，在此表示真诚感谢。本书写作力求内容系统全面，论述条理清晰、深入浅出，但由于作者水平有限，书中难免有疏漏之处，希望广大同行及时指正。

张璐斯
2023 年 10 月

目　录

第一章　新媒体视域下大学生思想政治教育概述 …………………………… 1
 第一节　新媒体视域下大学生思想政治教育的现状 ………………………… 1
 第二节　新媒体视域下大学生思想政治教育的特点和优势 ………………… 13
 第三节　新媒体视域下大学生思想政治教育面临的机会和挑战 …………… 17
 第四节　新媒体视域下对大学生思想政治教育的新要求 …………………… 23

第二章　新媒体视域下大学生思想政治教育的路径探索 ………………… 28
 第一节　以新媒体平台为载体的教育路径 …………………………………… 28
 第二节　以社交媒体为依托的互动式教育路径 ……………………………… 47
 第三节　以大数据为支撑的个性化教育路径 ………………………………… 53

第三章　新媒体对高校思想政治教育的影响 ………………………………… 61
 第一节　新媒体给大学生学习方式带来的新变化 …………………………… 61
 第二节　新媒体对高校思想政治教育环境的影响 …………………………… 63
 第三节　新媒体对高校思想政治教育工作者的影响 ………………………… 70

第四章　新媒体视域下大学生思想政治教育中的媒介素养 ……………… 81
 第一节　国内媒介素养教育的现状分析 ……………………………………… 81
 第二节　国外媒介素养教育的经验和启示 …………………………………… 85
 第三节　新媒体视域下媒介素养提升的紧迫性 ……………………………… 88
 第四节　新媒体视域下媒介素养的培养路径 ………………………………… 95

第五章　新媒体视域下大学生思想政治教育实践……………………99
　　第一节　新媒体视域下大学生理想信念教育实践………………99
　　第二节　新媒体视域下大学生爱国主义教育实践………………108
　　第三节　新媒体视域下大学生道德规范教育实践………………112
　　第四节　新媒体视域下大学生全面发展教育实践………………121
　　第五节　新媒体视域下大学生就业创业教育实践………………125

第六章　新媒体视域下大学生思想政治教育的创新探索……………149
　　第一节　建设高水平网络思政教育师资队伍……………………149
　　第二节　变革思想政治教育教学的方式方法……………………162
　　第三节　搭建立体化思想政治教育平台…………………………168
　　第四节　提升网络舆情引导的专业性……………………………171

参考文献…………………………………………………………………179

第一章　新媒体视域下大学生思想政治教育概述

本章主要介绍新媒体视域下大学生思想政治教育概述，主要从四个方面进行阐述，分别是新媒体视域下大学生思想政治教育的现状、新媒体视域下大学生思想政治教育的特点和优势、新媒体视域下大学生思想政治教育面临的机会和挑战、新媒体视域下对大学生思想政治教育的新要求。

第一节　新媒体视域下大学生思想政治教育的现状

一、评价反馈系统不完善

我国目前的道德教育评价的主要形式是由教育主管部门对高校的思想政治教育进行的评估。然而，这不能适应在新媒体环境下的道德教育评价，出现的问题包括以下几方面。

第一，思想政治教育评估主要是教育主管部门通过开展学校思想政治教育的方式进行的，很少涉及社会和家庭，道德教育评价体系中也缺少社会道德引领及文化建设影响的内容。因为社会网站只顾及了经济利益，而忽视了社会效益，又由于家庭和社会不参与评价，学校思想政治教育与社会和家庭教育脱节，教育责任完全在学校方面，很多学校难以承受思想政治教育的压力，思想政治教育难以取得预期的效果。

第二，教育行政部门主要将新媒体作为思想政治教育的一种方式和工具，并没有将新媒体融入思想政治教育中。因此，教育行政部门忽视了虚拟空间中思想政治教育的重要性，这也造成了学校对虚拟空间思想政治教育的忽视。

第三，学校对思想政治教育工作只注重比较显而易见的成果，将思想政治教育的重点放在显性教育上，对学生成绩、宿舍内务情况等表现较为明显的方面比较关注，但是对隐性教育层面和虚拟空间中的思政教育相对忽视。因此辅导员常常会忽视了思想政治教育网站、思想政治教育博客的建设，这影响了新媒体在思想政治教育中的重要作用的发挥。

第四，新媒体环境下的思想政治教育评价标准也有待改善。虽然新媒体在大学生思想政治教育中的作用越来越大，但是道德教育评价体系的建设尚不完善，道德教育评价标准不明确，缺乏科学性和可实施性，在方法的选用上也比较单一、片面，这些都影响了思想政治教育评价的有效性。

二、教育者的主导作用不足

思想政治教育的主体是教育者。在进行思想政治教育时，如果不能发挥教育者的主导作用，那么结果就会不甚如意。在当前的教育环境下，教育者主导作用不足的原因有如下几方面。

（一）教育者自身缺乏主观认知

教育者缺乏对思想政治素质重要性的认识。很多高校没有深刻理解思想政治教育的重要性，没有意识到提升大学生的思想政治素质是多么重要，存在"一手硬，一手软"的问题。经济发展现状也使得绝大部分高校将培养大学生的专业知识、专业技能放在了重中之重的位置上。为了保证学生专业素质的提升，高校在学科建设、教学评价以及各种利益上都向专业技能倾斜。

在思想政治教育方面，高校不仅没有设立具体的培养目标，甚至还使有关思想政治教育方面的培养受到了阻碍。这就导致了部分思想政治教育者失去了积极性，甚至认为这种现象是正常的、不可抗衡的。持续时间长了，思想政治教育者的主导作用就逐渐减弱。

教育者缺乏对思想政治教育重要性的正确认识。部分教育者甚至开始质疑思想政治教育的地位。党始终认为思想政治教育发挥着"生命线"的作用。随着我国改革开放不断深入，思想政治教育受到的挑战与日俱增，不利因素不断叠加，增强思想政治教育效果越来越困难。教育者如果自己都不清楚思想政治教育的内涵和重要性，就会对它所处的位置感到困惑。

教育者缺乏对思想政治教育的科学性、职业性的认识。部分教育者仅仅照本宣科地讲授思想政治，不重视思想政治教育的科学性、职业性。思想政治教育的历史源远流长，马克思主义距今已有一百多年的历史。"思想政治工作是一门治党治国的科学"这句话不仅被党政机关所承认，也被教育界认同。这些对思想政治的高度认可是提升思想政治教育科学性的基础，这些认可也彰显了思想政治教育的有效性。然而，将思想政治教育独立为一门专门学科的时间只有四十多年，这就导致了很多专业性问题一直没有定论。思想政治教育是一门社会科学，但是其研究对象和领域仍然有许多争论，因此学者们还存在着很多质疑。

我国的社会科学建设现状与国际上的许多国家相比，在一定程度上，是落后的，我国的思想政治教育是新兴起的一门学科，在很长一段时间十分缺少科学技术的支持，在社会科学研究的成果方面，也是相对缺乏的。可见，我国思想政治教育的发展必将是曲折的。进一步来说，我国的思想政治教育还没有形成整体的体系，更不用说具有职业性了。而且思想政治教育又有其特殊性，因为紧密联系社会，所以它的影响是广泛的，表现形式是多样的，产生的效果是无形的，难以对其进行量化的评估。因此，部分教育者不重视思想政治教育与它的学科性质有很大关系。

（二）学科建设与领导体制尚需优化

现如今，大学生思想政治教育课程的学科基础是马克思主义一级学科。近年来，大学生思想政治教育课程取得了一次次的进步，但是思想政治教育学科的基础理论建设仍旧相对落后，主要表现在以下几个方面。

第一，思想政治教育学科基本理论与学科实践基础不完全一致；第二，思想政治教育学科基本理论与学科理论基础不完全同步；第三，思想政治教育学科基本理论未达到学科理论研究的规范性要求。基础理论与实践的不完全一致，往往会令思想政治教育走向边缘化。思想政治教育与学科理论基础的不完全同步，会使思想政治教育学科的理论基础不能与社会最新的理论成果相结合，使之不能解决学科发展中新出现的问题，不能适应学科理论研究的规范要求，会让思想政治教育研究处于学术不规范的威胁之中。各种理论的内在逻辑不能相统一，各人有各人的看法，影响了学科的整体发展。思想政治教育的应用也有待专家探索，各个高校的学科建设、研究基地、课程设置也有待提升。

思想政治教育领导体制存在问题，大学生思想政治教育领导体制也是在摸索中不断改进和完善。主要有党委管理模式、校长负责模式、党委领导下的校长负责制等多种模式，每次改进都使领导体制的作用更加有效。1998年的《中华人民共和国高等教育法》以法律的形式把党委领导下的校长负责制作为高校的管理模式规定了下来。在这一体制下，党委和校长各司其职、协同合作，这符合我国高校的具体运转规则。然而，这一体制在具体运行中也出现了许多问题。

首先，在运行党委领导下的校长负责制时，权力分配出现了问题。从政治方面看学校的最高领导是党委书记，但是在法律意义上校长是法定代表人，学校有关的法律文件只有校长同意并签署才具有法律效力。所以，当党委书记和校长对同一个问题的处理意见有冲突时，问题就难以解决。

其次，党委书记和校长的具体分工和所拥有的具体权力不确定，随意性很明显，这样就容易造成一方独大的情形，如党委书记权力过大或者是校长权力过大，难以协调。

再次，在实际操作时没有与党委领导下的校长负责制相应的执行系统，基层党委只能起到政治保障的作用，对任何事务都没有决定权，党委要落实各项决策需要征得校长的同意，基层党委的作用很小。

最后，高校的基层党组织不受重视，党务活动受到不同程度的轻视，行政人员才是学校培养的中心。行政人员大多是有一定学术能力的教师，而党务负责人的学术地位比较低，而且其参加培训的次数也不如行政人员参加培训的次数多。

（三）思想政治教育的队伍建设有待提升

思想政治教育的教育者素质不一。思想政治教育者不仅要有扎实的专业知识，还要具备各项素质，比如政治素质、思想素质、道德素质和能力素质。然而，大学生思想政治教育队伍是由兼职教师和专职教师共同构成的，教育者素质不一，主要表现如下。

第一，兼职教师没有经过专门训练，但占的比重很大。

第二，专职教师也不是专业学习思想政治教育的，大多数是由相关专业转来的。

第三，思想政治教育的学科建设不完善，教师专业水平参差不齐，高学历人才普遍偏少。

第四，教师本身的政治素养、道德素养难以达到要求的水平。由于思想政治教育的学科特殊性，教师们要言传身教，所以对教师的要求极高，但大部分教师没有培养自身的途径。教师虽能自觉提高自身素质，但是面对繁重的教学工作还是会感到身心俱疲。

思想政治教育队伍师资结构失衡。大学生思想政治教育队伍的结构包括性别结构、年龄结构和学历结构。首先，性别结构是指大学生思想政治教育队伍中男女教师的比例。各高校应该重视教师的男女比例，男女比例的失衡会使思想政治教育的开展处于片面的尴尬境地，不能发挥性别的互补作用。其次是年龄结构，结构合理的教师队伍应当包括老年、中年、青年三个年龄段的人，并且各年龄段的人所占比例应合理。教师队伍的年龄结构一般有以下三种模式。

第一，前进型，即青年人多于中年人，中年人多于老年人的正三角形结构。

第二，衰退型，即与前进型相反的倒三角形结构。

第三，静止型，即中年人最多，两头小、中间大。

前进型是最理想的模式，我们应当尽力避免静止型或衰退型模式，要改造衰退型模式。思想政治教育是一门新兴学科，因此青年教师所占的比重很大，教育队伍呈现年轻化的特点。然而，人才流失现象也要受到重视，如果忽视对青年教师的培养，让其中的优秀者不能获得学术研究、职称评审、高学位深造等的机会，人才流失情况就会加剧。最后是学历结构，思想政治教育队伍应由各层次学历结构的教师组成，高学历和中等学历都应该有。要将博士生、硕士生这样高学历的人才和本科生或者大专生这样中等学历的人才，合理分配、系统组合，组建一个多层次、全面化的思想政治教育队伍。事实上，思想政治教育队伍中具有博士学位的高端人才普遍缺乏，教师学历结构的整体水平急需提升。

三、新媒体的管理机制不完备

新媒体管理问题一直是一个极具争议的问题。传统媒体主要由新闻单位负责，其内容的发布需要经过严谨的审核，监管也较为方便。但是新媒体平台是一个公众平台，任何人都可以注册自己的账号，并发布自己的观点，这就加大了管理难度。目前我国新媒体管理机制还不完善，政府的管制权力相对分散，管理难度较大，新媒体的政策制定与新媒体的发展不同步，侧重于信息的整治和安全，轻视对新媒体的推动，这就与新媒体的整体价值不符。种种问题都制约了新媒体的发展，以及作为思想政治教育途径的新媒体的作用的发挥。

四、思想政治教育的队伍建设不成熟

新媒体环境下的思想政治教育队伍应该由政府、社会网站、企事业单位三种机构组成。其中政府包括教育、宣传等部门。企事业单位包括新媒体的企事业单位和学校。然而，就目前情况来看，无论是运用新媒体进行思想政治教育，还是培养学生综合素质，都没有跟上新媒体的发展速度。

（一）社会网站思想政治教育意识差

社会网站的思想政治教育意识不强，更注重商业利益，有时为了经济利益还会发布各种不利于思想政治教育的信息。所以虽然社会网站的信息素质和能力很强，但是自觉进行中国特色社会主义意识形态宣传的意识较弱，对学生产生了消极影响。

（二）教育工作者的思想政治素质不高

政府中的教育、宣传等部门的人员和高校的思想政治教育工作者虽然具备较高的思想政治教育素质，但是他们对于新媒体的应用不是很熟悉，信息化水平低，不能很好地运用新媒体进行思想政治教育，有些教育者甚至还会排斥新媒体的应用。再加上对教育行政部门和大学生思想政治教育工作者的新媒体应用的培训，没有得到很好的开展，使得他们对新媒体的操作还不熟练，不能适应新媒体环境下的思想政治教育。综合来看，信息技术水平较高的人缺乏较高的政治素养和思想政治教育经验，而具有思想政治教育经验的人对信息技术不熟悉，导致新媒体环境下的思想政治教育发展受到了一定的限制。

（三）国家与政府忽视新媒体的指引

国家和有关政府部门不重视对新媒体舆论方向的指引。由于新媒体与传统媒体不同，它的发布不需要经过有关部门的许可，这就导致新媒体传播的信息正误掺杂，新媒体舆论的多元化使得社会舆论过于分散，没有一个明确的舆论导向。新媒体舆论的发展需要相关部门加以引导，这样才能使新媒体向正确的方向发展，但是新媒体舆论引导队伍的建设没有受到国家或相关政府部门的关注，导致新媒体没有向自觉和常态化的方向发展，始终处于自发状态。

五、指导理念与社会发展不平衡

传统思想政治教育的教育理念在如今的社会中已经不适用。在传统教学中，教师是主导，占有主体地位，但在现如今的新媒体时代，这种以教师为主导的传统的思想政治教育却难以取得更好的效果，原因如下。

第一，传统思想政治教育中受教育者主要是被动接受知识的灌输，但是新媒体时代受教育者能通过新媒体平台获得各种各样的信息和知识，受教育者在信息的选择上掌握了主动权。在这个变化极快的社会中如果强调一元主导，不吸收借鉴其他民族的优秀文化，很可能会引起学生的逆反心理，不兼容并包可能会导致学生对思想政治教育产生"假大空"的印象，造成思想政治教育与生活实际相脱节的情况，使思想政治教育的效果大打折扣。

第二，新媒体是开放的，使用者多项互动，具有高度的自主性和灵活性。在现实的教育中，教师仍然处于教学的主导地位，并且掌握了较多的资料和教学资源，因此常常会忽略学生的主体性，没有注重学生的主观感受和学习体验，这就会使教学效果大打折扣。在新媒体环境中教师和学生是两个平等交流的主体，学生的主观作用得以发挥。

第三，思想政治教育的内容与我国的社会发展是不同步的，思想政治教育创新落后于我国目前社会的伦理发展。新媒体促进了社会思想观念和伦理的现代化发展，但是传统思想政治教育内容并没有与时俱进，思想政治教育形式也有待创新，从而削弱了思想政治教育效果。

六、思想政治教育模式和现代环境不一致

当前思想政治教育的模式存在许多问题，从整体来看，思想政治教育模式不是一个统一的整体，学校思想政治教育与社会、家庭相脱节，现实思想政治教育和虚拟空间的思想政治教育相脱节，学校、社会、家庭的思想政治教育和学生的

自我教育相脱节。这种脱节现象在新媒体的影响下，变得越来越严重，主要是由于思想政治教育模式自身存在问题，思想政治教育没有形成一个学校、社会、家庭、学生自我相互联系的整体。虽然新媒体打破了地域、时空的限制，使得信息传播更为便捷、迅速，使得思想政治教育信息的传播与思想政治教育主体的参与都变得极为方便，但是目前的思想政治教育模式无法适应新媒体的发展，主要表现在以下三个方面。

（一）学校教育和社会的脱节

新媒体多元化的属性，使社会环境更加复杂。学校的思想政治教育有时会与社会脱节，目标的设置没有以学生的实际水平为根据，有的目标设置得过高，使学生失去了信心，内容的枯燥乏味，导致学生容易产生抵触情绪，从而降低教学效果。

（二）现实教育和虚拟空间思想政治教育的脱节

在内容上、形式上现实思想政治教育和虚拟空间的思想政治教育存在各顾各的现象，不论注重两者中的哪一者都会影响思想政治教育的整体效果，所以现实思想政治教育和虚拟思想政治教育要同步进行。

（三）学校、社会、家庭和学生的脱节

这种脱节状态使得学校思想政治教育处于孤立状态，想要充分发挥思想政治教育的作用，必须将学生与社会教育、学校教育、家庭教育相结合。

七、新媒体和思想政治教育协调性不足

新媒体的发展对于高校思想政治教育的影响主要表现在大学生群体、思想政治教育者以及高校思想政治教育环境三个方面。影响包括积极影响和消极影响两方面，我们要客观对待新媒体带来的影响，扩大积极影响，克服消极影响，分析产生消极影响的原因，并着力解决问题。这些都是新媒体时代大学生思想政治教育者的责任。新媒体之所以能给大学生思想政治教育带来消极影响，主要有以下原因。

（一）思想政治教育的话语没有发挥出应有的作用

在信息技术和互联网环境的支持下，信息的传播速度大幅度加快，信息传播的影响范围也越来越广。然而传统思想政治教育的话语传播手段较为滞后，因此大学生思想政治教育的话语权也越来越弱。大学生思想政治教育话语传播上的障碍与新媒体平台的信息传播便捷、迅速、现代化形成了强烈的对比。大学生对于信息的接受能力有限，新媒体平台快速更新的信息影响了大学生对思想政治教育信息的接受，从而给大学生思想政治教育的话语权带来了严峻的挑战。大学生思想政治教育话语权不再具有权威性，也就很难起到规范大学生行为和思想意识的作用，从而带来了一系列的消极影响。

大学思想政治教育内容无法与时俱进，大学生思想政治教育话语的一成不变与新媒体平台迅速更新的信息产生了强烈对比，形成了落后的局面，大学生思想政治教育话语很难吸引大学生的注意力，使得教师与学生不能通过思想政治教育进行思想的传递。

在新媒体时代，信息的传递过程是双向的，这就提高了在传播过程中处于受众地位的接收者的信息了解能力。信息的发送主体既可以是发送者也可以是接收者，大学生对于新媒体平台的使用得心应手，对于信息的接受能力也很强，这就造成了学生比教师获得信息更快的现象，削弱了大学生思想政治教育话语的作用，教育者和大学生的思想政治教育话语不再对称。

当今社会虚拟空间在生活中占有很大比重。在虚拟空间中，每个主体都是平等的，拥有平等的话语权，教师想要采取控制式的教学方法显然是不可行的。因此，在新媒体时代，高校的思想政治教育改革是不可避免的。

（二）思想政治教育的成效差

新媒体时代信息更加复杂，思想文化也越来越多元，人们的思想意识更加开放，对于新思想的接受度较高，对于信息的更新要求也越来越高，资源共享程度的提升，使大学生接触到的社会资源和思想意识越来越丰富，这给大学生思想政治教育提出了更高的要求。思想政治教育结构有待优化，内容也需要进一步创新和丰富，教育内容结构的不完善和内容的落后会直接影响思想政治教育的成效，从而引发一系列的消极影响，不能实现思想政治教育的教化作用，思想政治教育的德育效果也会大打折扣，难以消除新媒体平台不良信息带来的影响。高校思想政治教育强调政治性，但是不能将思想政治教育等同于政治教育，不能忽视思想政治教育，高校思想政治教育的理论是教育的基础，但是要将理论和现实生活结合，要符合大学生的生活、学习环境；不能只强调思想政治教育的内容，要注重思想政治教育对大学生人格的塑造，注重感性教化；既要注意教育内容的规范、统一，也要重视学生的个体性差异，因材施教；大学生思想政治教育内容要与时俱进，传统教育内容不能丢弃，但是也要根据时代特点不断丰富思政教育的内容，在继承和保护的基础上，寻求创新和突破，使思想政治教育的内容更加生动，更容易被大学生接受。

（三）思想政治教育的实效性受到阻碍

思维有广义和狭义之分，广义的思维指的是逻辑思维和形象思维，人们通过广义的思维认识世界，发现事物的本质和运行规律；而狭义思维则只是逻辑思维。大学生思想政治教育者的思维往往受困于传统思想政治教育环境，形成一种单向、封闭的特点，这一特点是思想政治教育历史发展时期遗留下来的，虽然在过去这种闭塞的思想政治教育起到了一定的作用，但是在现代社会，新媒体的出现改变了人们认知世界的方式，信息化和现代化转变了人们的思维方式，思维的单一封闭导致思想政治教育出现实效性障碍。

部分思政教育者依旧处于以前的闭塞社会中，他们的思维仍旧是封闭的，他们习惯用传统的思维分析方法来看待这个全新的新媒体社会。尽管他们花费了许多时间以及精力，但是仍旧没有收到很好的效果。新媒体的发展对许多人的封闭思维方式产生了极大的冲击，改变了他们的思维。新媒体社会能够使多种媒体形态和不同形态内容很快融合。因此现代思想政治教育者在面对教育问题，特别是与新媒体息息相关的思政教育问题时，绝对不能从单一的方面去思考问题，而要从多个维度去思考和研究。这样才能使大学生思想政治教育与时俱进，满足当代学生的需求，实现思政教育的教育目标。

（四）思想政治教育面临着极大的挑战

传统的教育模式面临着巨大的挑战，主要体现在以下几个方面：第一，传统模式仍然在运行并发挥着一定作用，但其地位在逐渐降低；第二，新媒体发展迅猛，它的覆盖范围广、传播速度快，对大学生有着很大的影响。传统思想政治教育不再具有较强的引导力，社会上越来越多的信息影响着大学生的价值观。大学生涉世不深，难以从鱼龙混杂的信息中辨别出好的信息，个别人甚至会在不良信息的引导下误入歧途。

教育模式的陈腐产生了许多消极影响，创建新媒体视域下的大学生思想政治教育模式十分迫切。高校的思想政治教育工作者在这个新媒体时代也需要顺应时代的发展，及时更新思想政治教育观念，不断学习新媒体技术，探索教育新模式，提高思想政治教育的影响力，努力提升自身素质以适应大学生思想政治教育发展的新要求。

（五）思想政治教育的整体效果未得到充分展现

现行载体乏力，导致思想政治教育的整体效应不能得到充分发挥。任何教育都需要借助一定的载体才能发挥作用，载体同样也是大学生思想政治教育发挥作用的条件之一。新媒体技术在不断地更新、发展，高校若仍旧采取以前的方式进行思想政治教育就会十分低效，会产生许多消极影响。

在新媒体时代，信息的传递更为方便、快捷，这就使教师和大学生处于同一个信息平台，降低了教师的权威性和影响力。

新媒体时代产生了更多的载体，单一的、以课堂教育为主要载体的形式已经与社会发展的要求脱节。这种现象的出现表明，当前思政教育载体缺乏一定的吸引力，无法起到引导学生进行思想政治学习的作用。

因此，大学生思想政治教育工作者要分析当代学生的实际需求，结合社会环境，发展新媒体视域下符合现代大学生思想政治教育要求的教育载体。

八、道德教育不满足当前社会的传播要求

社会的变革和传播环境的不同，使相应的道德教育的内容、方式、途径发生改变，只有这样才能使教育效果的提升得到保障。但是，从当前的新媒体传播规律角度来看道德教育的内容、方式、途径，明显是不相符的，主要表现如下。

（一）对新媒体的道德问题界定不清晰

教育者缺乏对新媒体虚拟空间道德问题的真正认识，导致无法确立正确的道德教育观。虽然网络世界是虚拟的，但这并不代表网络世界是独立于现实世界而存在的。其实，网络的运行必须与国家的制度、文化等相符合。虚拟的世界也是客观存在的，是现实社会的一种延展。新媒体伦理道德是一种意识形态，是不以人的意志为转移的一种客观存在，然而现实社会中的思想政治教育工作者一般却将虚拟空间的道德与现实道德区别开来。

（二）新媒体空间的思想政治教育内容尚需拓展

思想政治教育的内容是新媒体发展改变的关键。传统的思想政治教育内容包括法律法规、心理健康、道德规范、思想政治理论等。在新媒体时代，还应增加信息素养教育、文明教育等内容。

相关专家、学者对广东部分高校进行了相关调查，该调查结果显示：思想政治理论课在思想政治教育的教育内容中所占比例仍旧很大。但是新增的新媒体文明教育、新媒体道德修养等也会对大学生产生很大影响，新媒体的思想政治教育内容应该得到全面拓展。

（三）对新媒体道德教育的特征未做到准确把握

新媒体道德是一种自主自律型的道德。在虚拟世界中，直面批评等道德约束方式难以进行，那么个体的自我约束就更加重要。现代社会要求人们的道德约束方式向自律转变。新媒体道德是一种开放的道德体系，自由、开放是新媒体空间的特点，这就使得新媒体中汇集了不同的文化、不同的道德观念、不同的行为方式，它们相互碰撞，在冲突中融合，呈现出一种多元、开放的态势。现有的道德教育只重视学生表面的行为，却忽视了对学生价值观念和道德观念的引导，使得道德教育难以深入学生心中。

（四）新媒体空间的思想政治教育缺乏师生互动

思想政治教育工作者在运用新媒体时还是更倾向于运用网络课程、专题学习网站等方式，这些以信息传播为主要途径的教育方式并没有加强教师与学生之间的交流互动，学生主要是通过QQ、微信等互动型的途径进行交流，显然教师的选择与学生的意愿是不相符的。新媒体确实在师生交流方面起到了很大作用,但只是将网络当作发布信息、传播信息的载体,缺少实际的互动,难以产生理想的效果,所以它一定程度上阻碍了新媒体空间思想政治教育的发展。

第二节　新媒体视域下大学生思想政治教育的特点和优势

一、新媒体时代大学生思想政治教育的特点

"新媒体迅速发展背景下大学生思想政治教育呈现出了一系列新的特点,信息获取的快捷性和实效性更加突出,教育环境的复杂性和多样性更加明显,教育内容和手段亟待变革。"[①] 与此同时,智能手机的普及和互联网的迅猛发展影响着当代大学生的日常生活和学习。大学生作为新媒体时代的主力军,对新媒体的需求日益增长。在这样的大环境下,思想政治教育呈现了以下新特征。

（一）教育环境复杂化

新媒体的发展使得人们的交流环境区域虚拟化,人们的交际突破了时间和空间的壁垒,但是人们的面对面交际越来越少,因此在一定程度上,人们的交际范围虽然有所扩大,但是交际能力却在下降。同时虚拟环境下,人际交往的安全性大打折扣,一系列的交际问题开始出现,特别是对于大学生来说,人格障碍和心理信任危机等问题日渐凸显。新媒体还是大学生宣泄情感、进行休闲娱乐活动的平台,在新媒体普及的当下,社会舆论的制约力和传统的高校思想政治教育方式已经无法控制新媒体带来的负面影响,这导致思想政治教育的引导难度越来越大。

（二）教育主体特点显著

1. 教师教学灵活性更高

在新媒体的影响下,思想政治教育也产生了变化。教师为了取得更理想的教

---

① 杨海,王晓晓.试析新媒体时代高校思想政治教育的新特征及其创新[J].学校党建与思想教育（下）,2016（2）:2.

学效果，必须充分发挥自身的积极性和主动性，使教学具有灵活性。新媒体的出现，为大学生思想政治教育提供了新的思路。

2. 符合大学生的个性需求

在新媒体的影响下，庞大的信息资源涌入大学生的生活，迎合了大学生的个性需求。在传统的教育模式中，教师通常是单方面地向大学生灌输知识，而新媒体的出现，改变了教师的权威地位。新媒体弱化了特权等因素，使每个人都能够平等地与他人交流，打破了现实社会中所奉行的等级观念，促使人们对个体权利有了更清晰的认知。新媒体时代的教育模式打破了师生间的隔阂，拉近了师生距离，使大学生与教师处于平等地位，逐渐形成了教学效果更为显著的、以教师引导为主的教学方式。

（三）教育信息来源具有立体化特点

政策、方针、理论是传统思想政治教育最重要的信息来源。在新媒体时代，这种信息来源单一且缺乏时代感和吸引力，已不能适应当下的教学环境，因此，借用新媒体教学可以帮助教育者和大学生及时掌握国内外经济、文化、政治等方面的信息，并通过互联网与他人进行交流。当前的信息沟通正在向立体化发展，其交流是跨越年龄、性别、种族、语言的，将思想政治教育与新媒体的优势融合在一起，形成了独特的教育优势。通过新媒体，学生能够更好地和社会进行沟通，不仅可以享受本校的学习资源，甚至还可以获取世界名校的教学资源。新媒体潜移默化地影响着当代大学生的价值观念和言行举止，赋予了其更为广阔的学习空间。

（四）思想政治教育措施多样化

在新媒体的推动下，传统的思想政治教育发生了巨大的改变。教育者必须采用更为多样性的教育手段来满足大学生的学习要求，从而实现知识共享，如充分利用新媒体的特征布置网络作业，组织学生进行课下网络讨论等。从教育者的角度来看，新媒体不仅能广泛地传播思想政治教育知识，还能降低教育者的教学、备课压力；从大学生的角度来看，新媒体能有效刺激学生的感官，加深大学生对知识的记忆和内化。

除此之外，互联网技术和传播手段的发展，使多媒体教学得到了广泛的应用，打破了传统的教育模式，改变了过去枯燥无味的知识灌输方式，营造了轻松、生动的教学环境。因此，思想政治教育工作者应充分发挥新媒体的优势，拓展新教育平台，转变教学方式，将新媒体与当前思想政治主张相融合。

二、新媒体时代大学生思想政治教育的优势

（一）拓展了思想政治教育的平台

新媒体打破了时空的限制，使师生之间的互动变得十分频繁且具有即时性和实效性。教师和学生实现了平等的互动和交流，通过各种网络互动平台（如微信、微博、QQ等），有效地拓展了思想政治教育的平台，形成了一种新式的交流空间。

（二）补充了思想政治教育的内容

从客观的角度来看，新媒体丰富了思想政治教育的内容和社会、学校、家庭三位一体的教育方式。为了适应当代大学生思想的发展特点，教师借助新媒体还拓展了网络教育和学生自我教育等新的教育方式，并且能够根据实际情况对教育内容做出合理的调整。

（三）提升了思想政治教育的自主性和时效性

新媒体本身具有信息选择的自主性和信息传播的时效性，这使得思想政治教育的主客体在利用这种媒介进行沟通时也具备了这一显著特点。新媒体时代的思想政治教育要求从以往的教导型向引导型转变，大学生通过网络获得资讯的机会越多，其所选择的空间越大，形成价值观的可控性越低，这就要求教育者必须发挥引导、示范的作用，把握大学生成长的心理规律，有针对性地做好思想政治教育工作。

教师与学生面对面进行知识传授的课堂授课模式是大学生思想政治教育的主要方式，通常是几十个学生接受一位教师的理论传授。由于每个学生都具有其独特的性格特点和思维方式，所以传统的授课方式只能满足学生的一般需要。同时，这种授课方式受时间和空间的限制，不能保证教师及时发现、引导学生解决其实际问题。

新媒体具有开放和即时的优势，这些优势有效地解决了思想政治教育信息在

传播过程中的一系列问题。教育者能随时随地通过即时通信软件（QQ、微信等）向学生传递有关全球各地发生的公共事件、热点问题的信息，并在网络社交软件中组织学生思考和讨论。这种便捷的联系方式使教育者不仅能及时、全面地掌握学生思想，根据不同学生的实际情况给予个性化的引导，还能及时地调整教育方法和内容。除此之外，学生同样可以通过即时通信软件将自己的观点回馈给教育者。

新媒体还具有虚拟性，这一特性使学生可以以匿名的方式毫无顾忌地在网络平台上进行交流。新媒体为教师了解大学生真实的想法提供了便利，减少了教师的时间成本，提高了教师的工作效率，使其有更多的时间对大学生进行有针对性的思想政治教育。

（四）优化了思想政治教育的方式

实事求是是毛泽东思想的活的灵魂之一，这就要求我们应根据外在条件的变化和事实把握规律，不断用发展的眼光看待问题，做到一切从实际出发，具体问题具体分析。目前，我国思想政治教育课堂普遍以讲授理论知识为主，并且使用的教材多与社会生活脱轨，导致学生难以理解，容易产生抵触心理。除此之外，学校通过宣传栏、校园报纸、专家讲座等教育传播方式所取得的成效十分微弱。

随着信息化和数字化的快速发展，学生必须改变过去死记硬背的学习方式，教育者必须改变传统的单向课堂灌输教育方式。实现人的全面发展是教育的最终目的，因此教育必须回归生活。新媒体使思想政治教育方式更加生动、多样，真正实现了以学生为主体的教育模式。在这种环境下，书本已经不是唯一获取知识信息的方式，多样化的信息传播手段涌入学生的日常学习中。智能手机，数字化的报纸、杂志、广播等逐渐成了教育者进行教学活动、学生获取理论知识的重要辅助工具。因此，传统的思想政治教育方式已经无法满足新媒体环境中的思想政治教育需求，教育者必须将思想政治教育与新媒体载体相结合，不断进行方式上的革新。

（五）丰富了思想政治教育的资源

在互联网络尚不发达、智能手机尚未普及的时候，大学生一般通过书籍、报纸、期刊和杂志查阅所需要的信息。在高校里，这部分文献一般是在图书馆获得的。然而每个学校的图书馆规模和质量都不一样，学生接受的资源也是不一样的，查到的文献可能并不全面，也有可能查到的资料跟自己主题并不贴合。有的书籍或材料本校图书馆没有，大学生还要去其他图书馆寻找查阅，而且向图书馆借阅书籍和期刊时都有时间限制，到期不管自己有没有看完都要将书归还，甚至有些书或材料还需要到网上买，耗财耗时。除此之外，最前沿的学术观点和国家精神很难及时地反映到书中，具有一定的滞后性。

新媒体具有无边界性和开放性，这两种特性使其形成了一个巨大的信息储存库，其中包括丰富的就业信息、娱乐信息、学术信息。例如，中国知网作为我国最大规模的文献数据库，按学科的不同将信息划分为医学、社会学、经济学、文学、农学、管理学、科学等类型，并将其庞大的内容存储在网络平台上供人们查阅。除此之外，中国知网还将信息按学术期刊、学位论文、会议、报纸、年鉴、图书、专利、标准、成果等进行了划分，使人们在查阅文献信息时更加便利。教育者和学生只需在首页输入关键词，便能在最短的时间里浏览所需要的资源并进行下载，极大地减少了获取信息的时间。

除此之外，还有许多网站可以实现网上学术信息共享，如数据库网站、中国教育网等。近年来，各个高校纷纷着手建立思政类的专门的网站，引导大学生树立正确的观念。高校通过在网站上发布一系列思想政治教育的文本和视频，达到传递思想政治教育理论的目的。

第三节　新媒体视域下大学生思想政治教育面临的机会和挑战

一、新媒体时代大学生思想政治教育面临的机会

新媒体的出现和普及，为思想政治教育带来了前所未有的机遇。新媒体作为技术的产物，具有其独特的优势，例如共享性、平等性、即时性和互动性等，不仅拓宽了思想政治教育的资源渠道，提高了思想政治教育的效率和效果，还创新了思想政治教育的方式。因此，思想政治教育工作者必须以饱满的创新精神看待新媒体，把握其带来的机遇。

（一）新媒体为大学生思想政治教育课程改革提供了资源路径

新媒体技术在教育教学领域的广泛应用，为高校思想政治教育改革提供了新的方向。"国字号"新媒体平台，如人民日报公众号、学习强国 APP、青年大学习等，成为传播先进文化，报道社会、经济、科学、政治等领域新闻的主流渠道，同时也为高校思想政治教育课提供了重要的学习资源。大学生除了可以通过新媒体平台获取知识、新闻等信息外，还可以通过平台的互动交流窗口留言和咨询，实现知识资源的共享和有效利用。新媒体技术打破了高校大学生思想政治教育的传统教学模式和学习模式，能够让学生时时可学、处处可学，同时也提供了更多可以选择的学习内容，提高了思想政治教育的实效性和吸引力。

（二）新媒体为大学生思想政治教育提供了充足的素材

传统上思想政治教育教学材料基本以纸质教材为主，授课方式基本上以课堂讲授为主。在新媒体视域下，国家政事、时事、社会热点等新闻具有传播速度快，开放性强且覆盖面广的特点，同时涵盖了广泛的信息资源，为大学生思想政治学习提供了丰富而又多样的素材，且其呈现形式多元，更能让学习者产生共鸣和兴趣。随着新媒体的盛行，很多高校将新媒体推送的与思想政治教育相关的内容作为案例引入教学活动中，这体现思想政治教育的生命力和与时俱进性，使教育教学更具吸引力和感染力，极大地丰富了高校思想政治教育的内容，拓展和延伸了相关专业知识的深度和宽度，实现高校思政育人的教学目标。

（三）新媒体为大学生思想政治教育提供了新的教学方式

传统的思想政治教育主要以单一的课堂授课模式为主，通过老师和学生"面对面"的方式讲授课程知识，在学习过程中老师的专业知识和授课技巧对学生的学习成效有直接的影响，同时也限制了知识传播的范围和速度。随着新媒体技术的发展和教学应用场景的增多，学生可以利用互联网、手机终端访问思想政治教育课程的网络资源，系统性或选择性地进行学习。此外，学生借助新媒体技术可以随时观看视频、阅读新闻，并在公众号、微博、网络社区等交流平台发表自己的学习收获和感受，通过交流的方式，提高学习效果，实现教育方式从"单向灌输"向"双向互动"转变。新媒体能够便捷、及时地通过视频、文字、图片等各种形式将思想政治教育内容快速传播给大学生群体，促进思想政治教育的改革创新。新媒体与思想政治教育相结合，不仅改变了教学理念和教学模式，更是拓展了知识的来源渠道，丰富了思想政治教育的内容，促进教师和学生之间的积极交流互动。

（四）新媒体增强了思想政治教育主客体之间的平等性

新媒体技术在教学中的应用突破了传统教育教学在时间和空间上的限制，学生有更大的自主性，可以根据自己的时间安排学习任务，在学习过程中遇到的问题和困难，可以和网友进行交流和探讨，虚拟社区成为学生宣泄情感、交流思想的重要平台。在传统的课题教学中，教学基本在教室完成，教师与学生交流和沟通的机会有限，而且由于彼此身份的不同，学生就遇到的问题多是向老师"请教""争辩"不多。新媒体平台具有平等性，运用新媒体进行思想政治教育可以体现教育主体与教育客体之间的平等地位，更能体现人文关怀，有利于消除大学生心理隔阂，促进有效沟通，往往能取得更佳的教学效果。

二、新媒体时代大学生思想政治教育面临的挑战

新媒体已经展示出其相对于传统媒体的优势，但它也是一把"双刃剑"。它在带来正面影响和新机遇的同时，也给新形势下大学生思想政治教育工作带来了新的困难与挑战。在数字技术飞速发展的时代，我们对新媒体的认识和掌握、对新媒体的接触与选择，以及对新媒体所传播内容的分析与判断，都直接影响着大学生综合素质的全面发展，关系着大学生的健康成长。在新媒体的影响下，大学生思想政治教育工作者迎来了新的任务，即利用好新媒体的优势，拓宽大学生思想政治教育工作的思路，顺应时代的潮流与发展，创新工作方法。

（一）大学生思想政治教育方法遇到的挑战

加强学生的价值和道德的判断能力，强化学生的道德思维能力，向学生传授思想道德知识，使其掌握实践思想政治教育的理论与知识是大学生思想政治教育工作的主要任务。新媒体在移动互联网通信技术、计算机网络技术与数字技术的支持下，逐渐形成了一个庞大的网络体系，其传播的内容具有随意性和自由性。各种科学技术的发展和普及，导致对新媒体信息的管理和监控十分困难。因此，高校必须对其教学方法、教学模式进行改革。

可以根据对信息选择的方式将大学生思想政治教育分为以下两类。

（1）理性选择

理性选择主要是指人们通过系统化地分析各种新媒体信息，提炼所需要的关键信息所作出的选择。

（2）非理性选择

非理性选择主要是指通过直觉直接进行信息选择的活动。

新媒体虽然为教师和大学生在获取信息方面提供了便利，但也增加了其选择信息的难度。

从宏观的角度来看，人们使用新媒体的门槛较低，并且目前没有管理新媒体的责任机构，这导致教师和大学生无法辨别信息来源的可靠程度。大学生处于复杂的信息环境中，教师无法及时、有针对性地对大学生进行信息选择的指导，这会产生以下两种结果。

第一，所形成的新的观念可能对大学生的成长不利。

第二，对大学生还未完善的价值观造成冲击。新媒体环境对教育者也提出了新的要求。教育部在《教育部关于加强高等学校思想政治教育进网络工作的若干意见》中指出："各高校要对广大教职员工普遍进行思想政治工作进网络的教育。同时，要培养一支既具有较高的政治理论水平、熟悉思想政治工作规律，又能较有效地掌握网络技术、熟悉网络文化特点，能够在网络上进行思想政治教育工作的队伍，包括专职工作人员队伍、党团员和师生骨干队伍，是做好思想政治教育进网络工作的重要的组织保证。"[1] 与传统媒体的传播形式相比，由于大学生对新技术的需求程度较高、接受能力较强，大学生获取知识的渠道呈现出了技术性和多样性的特点，并且成了新媒体的主要受众和使用者。教育者与大学生相反，由于各个方面的条件制约，其运用新媒体技术的能力较差。掌握视频操作技术、微博和微信操作技术、移动互联技术、互联网技术等新媒体技术已经成为大学生思想政治教育工作者的主要任务之一。教育者合理、充分运用新媒体不仅能与大学生平等交流，还能全面地了解大学生真正的想法，并对其思想进行及时的、有针对性的引导。

---

[1] 教育部关于加强高等学校思想政治教育进网络工作的若干意见[J]. 教育部公报，2000，（11）：498-500.

新媒体也有许多负面影响。新媒体在高速传播科学技术知识和思想道德观念的同时，具有在海量信息中进行选择的矛盾性。新媒体环境对大学生思想政治教育方法的挑战包括以下几个方面。

第一，如何有效开展思想政治教育工作。

第二，如何提升学生的思想道德品质和高尚人格。

第三，如何利用新媒体对学生进行教育。

第四，如何提高学生信息甄别和判断的能力。

（二）大学生思想政治教育内容遇到的挑战

思想政治教育的内容与思想政治教育的目标有着密切的联系。新媒体技术的飞速发展更加映衬出了现阶段大学生思想政治教育的形式和内容，是明显落后于时代发展的需求的，这就使得思想政治教育的内容需要不断扩充、调整、更新，与时俱进，才能满足新时期的教育需求。

新媒体作为传播信息的新平台，已经逐渐成为当代大学生与教师获取信息的重要渠道，对其日常生活的方方面面有着潜移默化的影响。新媒体技术不仅为思想政治教育带来了新机遇，还极大地完善了思想政治教育的方法。教师可以利用其即时性、交互性以及多元性等特点，不断丰富思想政治教育的内容，了解大学生的思想动态，设计形式多样的思想政治教育活动。

新媒体在教育内容方面带来的问题包括网上信息的复杂性、网上信息的真伪难辨性，以及网上信息的无序性，这些问题容易使大学生的情绪受到不法分子的煽动，引起大学生的思想混乱和高校、社会的不稳定。大学生在潜移默化中被动地接收了负面信息。这些负面信息严重阻碍了思想政治教育工作的开展，对大学生的道德观、价值观和人生观产生了十分恶劣的影响。因此，教师必须用健康、积极、正确的思想文化占领网络阵地，加快网络安全建设的脚步，为大学生创造一个轻松、干净的网络环境。

以网络为基础的新媒体环境是在校大学生形成崭新活动空间的支撑，新媒体所承载的信息、内容、知识也要求高校能够合理对其进行开发、传播和利用，其更深层次的目标是形成与之相适应的道德要求、道德准则和道德规定，这些道德关系与新媒体相辅相成，构建了一个良好道德空间。在新媒体环境的影响下，大学生思想政治教育的主要任务是帮助大学生树立正确的价值观念，使其形成科学的、先进的道德观，并通过一些教学活动和方法，引导大学生内化道德心理，自觉抵制各种消极信息。

大学生思想政治教育的内容，应根据社会的发展、大学生的实际情况进行优化或调整。教师应不断规范网络中涉及伦理、道德的内容，使其符合社会发展规律。这一做法不仅有助于应对新媒体对思想政治教育内容的挑战，还有助于大学生不断内化正确的思想观念。

（三）大学生思想政治教育主体性遇到的挑战

20世纪80年代初，我国开始重视关于学生主体性的研究，并首次提出了教育必须以学生为主体的理念。研究主要针对教师与学生存在的主体关系、大学生主体性构建，以及大学生主体性教育的意义等方面展开论述。

新媒体拓展了大学生获取信息的渠道，但新媒体信息所具有的海量化的特点容易使大学生迷失在多样化的信息中。对新媒体的正确引导的缺失与对新媒体行为和信息的监督的缺失，最终导致大学生的主体作用发挥过度，甚至产生异化，受控于新媒体。其根本原因是新媒体环境中的信息具有碎片化以及泛化性、隐秘性和无序性的特点，人们可以自由地、无限制地表达自己的思想和观念，这削弱了大学生对思想政治教育的主动接受力。当大学生对新媒体环境产生依赖时，他们容易丧失独立思考的能力，使现实中的社会沟通呈现出病态交往问题，例如从多面走向单面、从主体走向客体、从和谐走向失衡等。这些问题阻碍了大学生主体性的发挥。

新媒体技术的发展与应用，使现实世界和网络世界的界限变得模糊。新媒体技术把物理的现实与虚拟的现实联系起来，在新媒体平台上用网络、数字和代码等技术方式构建人机交互作用的一种存在，从而形成一个与真实世界不同却又具有视听感觉的虚拟空间，彻底改变了人们的认知方式。虽然虚拟存在的世界可以带给我们现实世界中无法获得的乐趣，满足暂时的欲望，但它却使一些人的意识深陷在虚幻的状态中无法自拔，甚至产生偏激的行为。若一个人长期沉溺在这些虚幻的视听内容中，那么他在现实生活中的快乐也会逐渐消失。虽然新媒体技术已经可以做到模拟出现实生活的场景和视听效果，但当人们真正感受到太阳冉冉升起、四季更迭、高山流水的时候,那种快乐绝非数字化手段可替代的。对大学生来说,沉溺在虚幻的网络社区、游戏世界中,无法挣脱各种虚拟的枷锁会令他们越来越偏激,逐渐失去了健康积极的生活态度。虽然现实世界中的事情无法做到尽善尽美,但都是人类社会发展的成果。脱离生活,脱离大自然,只能让世界变得更加不真实。

当代的大学生是伴随着网络的发展而成长起来的。随着信息技术的飞速发展,新媒体也以其惊人的速度和力度影响着当代大学生的成长,几乎所有的大学生都通过各种新媒体进行娱乐、阅读等。根据相关调查结果显示,使用手机的大学生几乎都会受到不良短信的侵扰,这些信息对部分思维和心理正在成长的学生有一定的侵蚀和毒害作用。正是由于在新媒体时代行为主体的相对隐蔽性,大学生的网络道德失范行为日益增多,他们借助新媒体的开放性、匿名性和虚拟性等特点,发表不负责任的言论,散布垃圾信息,对他人进行侮辱和骚扰,更有甚者进行网络诈骗和贩卖不法商品。人的主体性一旦丧失,就会产生人的主体性和网络的依赖性的矛盾,面对网络主体性与依赖性的关系变更,处理好有关新媒体技术处理、新媒体内容管控、新媒体道德培养等方面的问题是大学生思想政治教育的新的课题。

第四节 新媒体视域下对大学生思想政治教育的新要求

一、拓宽大学生思想政治教育创新思维

目前,我国大学生思想政治教育的特征对教育者的思维方式提出了新的要求。在新媒体环境下,思想政治教育工作者应根据教育活动中出现的新情况、新特点,不断拓展思维,探索新的教育思路。

探讨思维问题首先要了解思维定式,即由先前的活动而造成的一种对活动的倾向性,也可以将其称为习惯性思维。在同样的环境条件下,思维定式能帮助人们快速解决问题,而当环境条件发生改变时,思维定式会阻碍人们用创新性的方法解决问题。

长期以来，我国赋予思想政治教育显性意识形态教育的任务，认为大学生思想政治教育是科学认识问题而非价值认识问题，其教育内容呈现出很强的政治性、阶级性和鲜明的国家意识形态性。这是一种概念思维，存在着抽象性和凝固性等特征。与此相应，在方法上，占主导地位的是灌输教育方式。这种教育方式把教育的重点放在理论、原则的传授上，缺乏生成性，也就不能形成真正的素质教育。新媒体背景下，这种习惯性的思维方式强调了教育者想教什么，而忽视了大学生的特点及其个性化需要等，未能把思想政治教育对象的主体性和客体性较好地统一起来，因而教育效果明显下滑。

教师在进行思想政治教育的过程中，要将重点放在其教育的方法、内容是否能被大学生认同、接受并付诸实践上，不能只单纯地向大学生灌输道德观、价值观、人生观、科学世界观以及社会主义核心价值观等内容。在新媒体时代，教师必须直面各种因素对学生价值取向所带来的影响，在实践中不断增强理论的说服力。教师需要将大学生的主体性与客体性统一起来，转变固有的思维定式，切实做到关注、关爱大学生，为其创造健康的成长环境。

虽然新媒体时代大学生思想政治教育所面临的环境十分复杂，但复杂的背景并不可怕，只要教育者站在一定的高度，找准逻辑起点，就能化不利因素为有利因素，并将有利因素发挥到极致。当前，我们要通过深入的调查研究，努力找准着力点，拓展创新思维，科学分析新媒体时代大学生的身心特点和发展规律，尊重大学生的情感、兴趣和已有的知识经验，积极创新思想政治教育话语、载体、内容结构等，以提升大学生思想政治教育的吸引力。

二、持续做好新媒体时代大学生思想政治教育

马克思列宁主义、毛泽东思想、习近平新时代中国特色社会主义思想等是新媒体时代大学生思想政治教育的核心思想。教师必须认识和把握大学生的思想成长规律，充分运用新媒体解决问题、开辟新路径。因此，大学生思想政治教育工作者必须重视以下几个方面。

（一）开放和引导理念导向

1. 开放导向

（1）思想政治教育自身的开放性

这里的开放性主要是指思想政治教育必须与时俱进，顺应新媒体时代的发展，整合各种有利的资源，不断创新思想政治教育的途径。新媒体时代的元素包括开放性、多样性、主体性、自由性以及虚拟性，由于教育者和大学生同处于一个开放的世界，为了使思想政治教育能够及时回应时代的问题，教育环体必须由有限走向无限、由现实走向虚拟，教育介体必须从可控走向不可控、从固定走向移动。

（2）大学生思维发展的开放性

大学生的道德思维、价值观、政治观等仍然处于还未完全成型的状态，环境与教育的修正会改变学生的个人体验。因此，教育者必须积极引导学生树立正确的、科学的价值观念，促进学生的思维发展，而不能封闭学生的思想。

2. 引导导向

引导导向主要是指通过网络、课堂和课外活动对学生进行正确的引导，培养大学生识别、筛选网络信息的能力，提高其自觉抵制负面信息的意识。以社会主义核心价值观为引领，以人为本是新媒体时代引导理念的核心，教师要确立引导为主的教育理念，满足大学生各个方面的个性发展需求，不断丰富思想政治教育内容，从而提高其教育工作的实效。

（二）平等和互动理念导向

大学生思想政治教育在新媒体环境下，既是一个互动的系统，也是一个开放的系统。平等有利于教师与大学生的对话与交流，能激发大学生参与及接受教育的积极性。不平等则不利于教师与大学生的对话与交流，使教师和大学生之间产生隔阂甚至开始对立。单向的灌输则忽视了大学生的独立性和创造性，无法激发大学生的兴趣和主观自觉。新媒体的平等性满足和迎合了大学生对于平等和尊重的需求。平等与互动理念，将有利于创造和谐共生的教育环境，有利于相互尊重和共同探讨，也有利于尊重教育对象的主体性，使得思想政治教育更具有亲和力。平等理念有利于开发大学生思想政治教育的主体性。新媒体时代，一个人同时拥有了实在主体和虚拟主体两种不同的身份，这两种身份在交往中实现了辩证统一。

新媒体环境下的教育介体和教育环体为主客体提供了平等的交流机会,这就激活了主客体的主体性,充分开启了主客体的自主性、能动性和创造性。

在大学生思想政治教育中,教师要尊重学生的主体地位,通过创新情境和激励引导等途径,唤起学生的主体意识,激发学生主体的自觉性、能动性和创造性,以达到自我教育、自我锤炼、自我修养的效果,从而取得思想政治教育的实效。贯彻新媒体时代大学生思想政治教育双方的平等理念,教育者需要从关注思想政治教育的可接受性和关注思想政治教育对象的个性特征着手,在针对大学生的类本质进行整体教育的同时,还必须针对大学生的个性进行具体教育、个体教育。教育者通过培养大学生独立思考和主动参与的意识,提升他们的自我教育能力和道德认知能力、判断能力、反思能力,帮助他们由他律走向自律,实现人的全面发展。

(三)服务理念导向

满足大学生的成长、成人和成才的需要是大学生思想政治教育的根本目的。处于成年初期的大学生,其道德观、价值观和人生观还未完全形成,如何避免精神障碍和心理不适是这一时期的主要发展任务。近年来,大学生思想政治教育者着重帮助学生解决了择业与就业、情感控制、生活交往、理论学习等方面遇到的实际困难,全面把握了大学生的实际情况,开展了有针对性的教育活动,取得了显著的成效。

1. 教育性

教育者必须熟练掌握各种新媒体技术,才能通过各种新媒体平台了解大学生真实的思想动态,从而及时地帮助其解决负面信息的困扰,增强思想政治教育的有效性。在新媒体时代,海量的、复杂的信息虽然开拓了学生的视野,但也引发了许多问题。因此,教育者必须要建立健全师生互动体系,树立以生为本的服务理念,加强思想政治教育,最大限度地预防大学生心理问题的产生。

高校应积极组织、开展解决大学生实际困难和思想问题的教育活动,贴近学生的生活实际,将思想政治教育落实到理解的基点上,只有切实关心学生问题,才能使思想政治教育取得实效。

2. 针对性

在当今新媒体主导的时代，大学生的语言习惯、娱乐方式、交往方式、思维方式、学习方式以及生活方式都发生了极大的改变，各种信息影响着其道德行为以及价值观念和思想意识的形成。因此，思想政治教育工作者必须联系大学生的生活实际，以服务理念为导向，全面地、真诚地贴近大学生的思想和情感，充分利用新媒体的优势，不断增强思想政治教育的感染力，引导大学生真正内化正确的道德观念。

高校在新媒体时代必须树立全面的教育理念，实现新媒体技术与传统思想政治教育的有机结合，以平等、引导和开放的服务理念作为导向，全面协调和统筹其教育内容。

第二章 新媒体视域下大学生思想政治教育的路径探索

本章讲述了新媒体视域下大学生思想政治教育的路径探索，主要包括三个方面的内容，分别是以新媒体平台为载体的教育路径、以社交媒体为依托的互动式教育路径、以大数据为支撑的个性化教育路径。

第一节 以新媒体平台为载体的教育路径

新媒体视域下大学生思想政治教育路径的建设既要关注运用新媒体建设大学生思想政治教育的新路径，还要使新路径发挥最大的作用。因此，第一要将新媒体融入大学生思想政治教育路径中，比如通过微课、慕课、翻转课堂等形式，进行大学生思想政治教育。第二要将新媒体融入传统教育路径中，完善传统教育路径，使其达到更好的教育效果。新媒体视域下大学生思想政治教育路径的建设是新路径和老路径并行发展，将新媒体全面融入大学生思想政治教育中去。不同的新媒体平台的特性与功能也有一定的区别，运用新媒体平台丰富和完善传统思想政治教育路径不能盲目地进行，要结合新媒体平台自身的特点，这样才能充分发挥它们的作用，因此本节将新媒体平台按照特性与功能属性加以区分，并分析各类新媒体平台如何融入不同的传统教育路径中去，从理论教育、社会实践活动、校园文化和教育管理等方面改善传统思想政治教育路径。

一、完善拓展理论教育路径

（一）教育路径：微课、翻转课堂、慕课

广东省佛山市教育局局长胡铁生是我国最早提出"微课"概念的人，他指出：

"微课既有别于传统单一的教学课例、教学课件等资源类型,又是在其基础上继承和发展起来的一种新型教学资源。"[1]"微课"在近几年逐渐兴起,成为高校教育者常用的一种教学模式,"微课"充分利用了新媒体的便捷性,将新媒体融入学科知识讲解中。"微课"通过短小视频的形式,对某个学科中的某个知识点或教学环节进行讲解。"微课"是一门"课程",虽然形式短小但是内容丰富,包含了教育目标、教育资源、教育方案、教育评价等基本要素。

当今时代信息化的趋势已然影响到了人们的学习和思考方式,信息的大量交互使人们越来越习惯于碎片化的信息接收方式,很难长时间集中注意力。"微课"符合现代学生的这种碎片化学习需求,是一种高效、便捷、先进的教学方式。首先,"微课"的时间较短,一般都在5~10分钟,不会超过15分钟,在这个时间段内学生的注意力会十分集中,可以达到很好的学习和记忆效果。其次,"微课"对于网络环境的要求并不高,便于学生随时在线学习或者大批量下载。因为"微课"一般只是针对某个学科的某个知识点或者某个环节进行讲解,它的资源容量较小,一般不超过100兆。最后,"微课"是将教学手段和教学内容,进一步提升、改良后的结果,因此教学效果也会更好。"微课"采用先进的信息化技术和多媒体手段进行制作,呈现出精良的效果,使教学内容更加生动、丰富,更容易吸引学生学习和观看。"微课"的选题十分精准,"微课"并不是对教学内容长篇大论的讲解,而是针对重难点的精讲,是经过精心设计后的教学内容,做到了教学上的有的放矢。

"微课"相对于传统大学生思想政治教育来说,是更适合当代大学生的学习路径,"微课"更符合当代大学生的学习习惯、学习特点、学习需求和学习思维。首先"微课"采用了新媒体作为媒介,将教学内容进行了截取和浓缩,时间短、效率高,便于学生利用碎片化的时间进行学习,更容易使学生集中注意力。传统大学生思想政治教育,通常以理论课方式进行,思想政治教育的理论内容概念性较强,如果不对教学方法加以改变,很容易使大学生感到枯燥,再加之一堂课的时间较长,因此大学生很难集中注意力学习一整堂课。其次,"微课"具有高精尖的特点,是对重难点的精准讲解,针对的是教学实践中的具体问题。传统思想政治理论课以老师对理论的讲解为重点,而且由于教学任务的安排,通常一节课

---

[1] 胡铁生."微课":区域教育信息资源发展的新趋势[J].电化教育研究,2011(10):5.

的讲解内容会十分充实。大篇幅的理论讲解很难让学生抓到重点，学生在针对某一个环节有疑问时，往往还没有进行思考，老师就已经开始讲下一部分内容了。特别是学生难以将理论联系实际做到更深层次的理解，往往是老师讲一遍，学生也没什么深刻的印象。但是"微课"的时间较短且内容充实，大学生在学习时可以根据内容进行深度思考，从而探索答案，加深对问题的理解。学生可以利用碎片化的时间进行自由学习，并有充足的时间进行深入探究。最后"微课"采用了信息化的处理方式，更容易被当代大学生所接受，充分体现了大学生的主体性，学生对于什么时间学以及学的内容有了自主选择权，并且"微课"这种移动式的学习方式，更方便大学生获取学习资源，随时随地进行学习。

翻转课堂（Flipped Classroom）又可以称为翻转学习、反转课堂、翻转教学等。顾名思义，翻转课堂要求课堂教学方式的转变，即由传统的学生被动接受知识的课堂学习模式，转变为以学生为主体，由教师引导学生进行主动学习，并建构知识体系的教学方式。翻转课堂强调对学生主观能动性的培养和调动，教育者由原来的知识灌输者，转变为引导者，通过教学手段培养学生的学习兴趣，进而使学生以自我需求为中心展开学习。对于教育者而言，要改变传统的教学观念，跳出传统的教学框架，充分激发大学生在学习中的主体作用，给予学生自由选择、自主学习的权利。翻转课堂总体分为三个阶段，第一，课前准备阶段。翻转课堂的课前准备向教育者提出了更高的要求。教育者要在课前进行教学视频的制作和教学资源的整合，这就要求教育者不仅要具有较高的专业水准，能够研发并梳理教学资源，以教学目标和教学任务为基础自主设计教学环节；还要在做好教学资源整合之后利用多媒体软件制作教学视频。因此教育者需要学习并熟练掌握新媒体平台的运用和多媒体技术，以保证教学视频的质量。第二，课中教学阶段。课中阶段是学生对知识自我转化的阶段，翻转课堂的课中教学注重教师和学生之间的交流讨论，通过学生质疑，教师引导学生解决问题来增强学生思考和学习的能力。在课中阶段，教师要充分尊重学生的个性，给予学生自由提问的权利，和学生进行平等的交流和对话，关注学生的表达和思考方式，并及时给出正确的指导。第三，课后阶段。翻转课堂课后阶段是学生对知识反复思考并拓展学习的深化阶段，教师要注意在这一阶段对学生进行个性化的辅导，加强与学生的沟通。由此可见对于大学生而言，翻转课堂和自主学习并不意味完全自由、放任不管地学习，而

第二章 新媒体视域下大学生思想政治教育的路径探索

是要根据教学目标和教学计划，转变教学方式，通过对教学活动的设计，引导大学生主动探索，自主学习。

想要采用翻转课堂的教学方式并充分发挥其教学作用，学校和教育者都要注重自身实力的提升。一方面翻转课堂对教育者的教学水平提出了更高的要求。在翻转课堂的教学模式下，教育者不仅要对知识进行讲解，而且要完成和学生的充分交互，因此对教育者课堂的把控能力和引导能力都提出了一定的要求。教育者在课前课中课后都要关注学生的学习状态，这对教育者的精力和责任心都提出了更高的要求。教育者要在研究教学内容的基础上，学习新媒体技术，适应翻转课堂的教学形式。另一方面学校要为翻转课堂的实施提供充分的物质条件，做好教学设备的完善和新媒体平台的建设工作，为提升学校教学资源的现代化水平，提供充分的技术支持。

相对于大学生传统思想政治教育来说，翻转课堂更符合当代社会对大学生培养的要求。当前我们并不提倡应试教育，更注重对大学生综合素质的培养，大学生思想政治教学的意义并不是要求大学生能在考试中取得优异的成绩，而是要将所学知识进行内化，提升个人综合素质，形成科学完善的知识体系，帮助大学生解决生活中的实际问题。传统大学生思想政治教育在理论联系实际方面有一定的欠缺，因此即使翻转课堂对教育者、学校、学生都提出了更高的要求，但是我们还是要积极充分利用这种教学方式，以期获得更好的教学效果。

慕课（Massive Online Open Course，MOOC）是一种大规模开放网络课程，是面向社会公众的开放的网络课程，是一种面向所有人开放的免费教育资源。[1]慕课源自高等教育，早在 2002 年，美国麻省理工学院就把大量课程的课堂教学录像放在公共网络上，供人们免费学习。[2]2012 年美国许多著名高校，纷纷加入网络课程开放中来，慕课在国外高校间掀起了新浪潮。2013 年，清华大学发布了我国首个网络开放课程平台——"学堂在线"，慕课在我国拉开序幕。

北京师范大学教师发展中心李芒教授将慕课分为两类："一种是用户可自行建立课程的慕课环境，被称为关联主义慕课 cMOOC；第二种是行为主义 xMOOC，

---

[1] 李芒. 现代教育技术 [M]. 北京：北京师范大学出版社，2015.
[2] 王颖，张金磊，张宝辉. 大规模网络开放课程（MOOC）典型项目特征分析及启示 [J]. 远程教育杂志，2013，31（4）：67-67.

xMOOC 主要以高校为中心建立的 MOOC。"[1] 这两者都是一种教育资源开放共享的学习方式，cMOOC 注重所有主体间的关联，通常以共同的学习主题或话题将所有教育者和学习者汇聚起来，通过研讨、交流、协作、共享的方式，共同构建学习网络，完成知识的互相交换；xMOOC 课程是以高校为核心，首先确定一个学习主题，其次要确定一个课程开始的时间，对主题有兴趣的教育者或学习者需要提前了解并安排个人的学习活动，也可以在学习中自行选择是否退出。

慕课以开放共享的理念为核心，打破了时间、空间等限制，实现了全球教育资源的互通，扩大了教育资源的影响力。大学生思想政治教育是对学生思想的塑造，是全面育人的有效途径，因此我们既可以通过慕课学习和了解各种优质的教学资源，还可以通过慕课传播我国优秀的传统文化和社会主义核心价值观，这对于我国大学生思想政治教育课来说是一次机遇。我国大学生思想政治教育课应以此为契机，建设以中国传统文化为基础的、具有中国时代精神的、展现中国道德精神面貌的德育课程体系，拓展大学生思想政治教育的新思路，以新媒体手段扩大我国大学生思想政治教育课的影响范围。

（二）教育形式：建构式、主导式、混合式

教育微课、翻转课堂、慕课是新媒体视域下大学生思想政治教育理论教育的三大主要路径，教育者在这三种新路径中实现了身份的转变，由传统教育中的权威理论灌输者，变为理论学习的设计者、主导者和助力者。以情境教育法、泛在教育法、自我教育法等教育方法，丰富大学生思想政治教育的方法体系，从而帮助新媒体视域下大学生思想政治教育理论教育新路径的顺利开展。

第一，建构式教育方式。建构主义是由认知主义发展而来的哲学理念，建构主义认为："学习是建构内在心理表征的过程，学习者并不是把知识从外界搬到记忆中，而是以已有的经验为基础通过与外界的相互作用来获取、建构新知识的过程。"[2] 建构式教育方式以情境教育法帮助大学生完成思想政治教育理论体系的建构。教育者利用新媒体设计并构建教育情境，通过具体的情境帮助大学生理解知识、掌握知识，使大学生在与教学情境的互动中，得到启发，完成知识的内化。

---

[1] 李芒. 现代教育技术 [M]. 北京：北京师范大学出版社，2015.
[2] 何克抗. 建构主义——革新传统教学的理论基础（中）[J]. 电化教育研究，1997，（04）：25-27.

一方面，新媒体技术使教学情境的创设更加完善。由于受到时间、空间的限制，传统大学生思想政治教育理论课很难完成教学情境的创设，大学生面对内容庞大的理论知识，难以充分消化，只能死记硬背，无法完成对思想政治理论的建构，从而不能有效达到大学生思想政治教育的实践效果。新媒体技术打破了教学时空的限制，利用先进的技术，拓展了大学生思想政治教学的空间，丰富了大学生思想政治教育的情境。新媒体技术通过对教学环境的弹性延伸，构造出一系列的虚拟环境，帮助大学生通过与环境的交互，加深对知识的理解。先进的现代科学技术和互联网，使传统思想政治教育中枯燥的理论知识，变得更加生动具体，其创设的历史情境、社会情境、自然情境、生活情境等，满足了大学生思想政治教育的各种情境需求，激发大学生的对思想政治的意义建构的兴趣。另一方面，高校运用新媒体完成教学情境的构建，可以拓展学生的学习空间。首先，教育资源进一步增加，学生可以通过新媒体平台获取海量的教育资源，还能在平台上完成和同学、教师之间的交流，打破了传统思想政治教育的诸多局限性，符合当代大学生的个性化学习需求。其次，新媒体可以辅助大学生进行学习路径的构建，新媒体技术可以对大学生的学习内容进行记录，对学习过程进行监控，对学习结果进行分析，及时有效地反馈大学生思想政治教育的学习效果。大学生不再受传统思想政治教育方式的限制，只能展开被动的、线性的学习，而是可以通过海量的学习资讯，构建网状的学习路径，拓宽自己的思维，实现对知识的建构。

第二，主导式教育。新媒体视域下大学生思想政治教育，更注重对学生学习能力的培养，使学生充分发挥主观能动性，借助新媒体手段，查阅资料或自主学习。在主导式教育中教师主要作为指导者、促进者，在思想政治教育的一些关键环节作出正确合理的引导。运用新媒体进行主导式教育并非让学生完全毫无头绪地自主学习，而是教育者要梳理并解构大学生思想政治教育的教学内容，将理论知识转变为一个又一个可以让学生进行思考的问题，通过这些问题引导学生探究。学生借助新媒体手段，收集、整理资料，再进行分析，从而作出解答。在这个过程中学生可以记录自己的研究过程和遇到的问题，并及时地与同学或教育者探讨。教育者也要主动关注学生的学习进度和学习情况，记录学生的问题，并组织、设计讨论，适当引导学生的思考路径，帮助学生完成知识的学习。学习完成后教育者还可以给予学生合理的评价，帮助学生认识到自己的不足。运用新媒体进行主导式教育时要注意教育媒体的选择，根据教育媒体的功能和属性，结合教育目标、教育内容、教育对象，作出合理的判断与选择。必要时教育者可以采用多种教育媒体结合的方式，利用教育媒体之间的互补作用，完善大学生思想政治教育路径的建设。

第三，混合式教育。混合式教育强调在大学生思想政治教育的方式方法上灵活选择，不局限于所有的教学活动都要运用新媒体教学方式，教育者要根据教育内容、教育目标、教育对象来选择适当的课堂组织形式和活动形式。混合式教育应从实际出发，当前是运用新媒体进行大学生思想政治教育的过渡阶段，应将E-learning（数字化学习或网络化学习）与面对面学习相结合，既要发挥学生的主动性、创造性，激发学生的兴趣，又要注重教育者的引导、启发、监控在教学过程的作用。何克抗教授认为："所谓混合式学习就是把传统学习方式的优势和网络学习方式的优势结合起来，也就是说，既要发挥教师主导作用，又要充分体现学生作为学习过程主体的积极性、主动性与创造性。"[①] 混合式教育方式的核心是，教育者在教学方式的选择上要有一定的灵活性，不能僵化教学思维，要根据教学实际选择最合适的教育方式，使教育效果达到最佳，将新媒体的优势与传统教育的优势互相结合，合力推进大学生思想政治教育路径的建设。

"混合式的学习模式为大学生思想政治教育方法改革提供了新的思路。它以建构主义理论为基础，根据思想政治教育理论课的教育特点和教学目标，综合运用不同的教育理论、不同的教育方法和教育手段，并在现实教育和网络教育中取得平衡，实现教育效果的最优化。"[②] 混合式教育最直观的表现就是将线上教学和线下教学相结合，如清华大学采用混合式教育法就是通过 8 周慕课加 8 周课堂讲授的方式，同时结合小班讨论，给学生提供充分的学习空间。混合式教育方式，使学生的学习过程更加的多样化，使多种教育资源充分融合，兼顾理论、互联网资源和实践需要，使大学生思想政治教育的过程更加完善和人性化，符合学生的实际学习习惯，使他们在不断地学习、内化、研讨中提升思想政治教育的有效性。

---

① 何克抗. 从 Blending Learning 看教育技术理论的新发展 [J]. 国家教育行政学院学报, 2005, 9(37): 8.
② 武慧荣, 邓红星. "运输技术经济学"混合教学模式探索与实践 [J]. 中国电力教育, 2014（3）: 2.

（三）教育方法：情境教育法、泛在教育法、自我教育法

第一，情境教育法。"情境教育法是以现代教育学、心理学以及方法论为指导，教师根据教学内容、教学目标、学生的认知水平和心理特征，有目的地引入，创设教学场景，构建具有情绪色彩、生动具体的场景，使师生设身处'境'，实现认知与情感，形象思维与抽象思维、教与学巧妙有机结合，培养学生积极的态度体验，实现知识构建，激发其学习动机的教学方法。"[1]

情境教育法自古以来始终存在，是人们学习的一种有效方法。例如古代希腊教育家苏格拉底就运用"产婆术"，通过抛出一个个问题使学生陷入思维困惑中，又通过问题启发学生进行思考并找到问题的答案，收获个人感悟。我国古代"孟母三迁"和"断织教子"的故事也是情境教育法的范例。情境教育法可以有效提升大学生思想政治教育的教学效果。因为大学生思想政治教育不单单是理论上的教学，更是要让大学生通过思想政治学习，形成正确的价值观，解决生活中的问题，所以大学生思想政治教育和实践息息相关，教育方式脱离不开真实情境的创设。情境教育法要求教育者应根据学习内容、学习目标和学习对象，主动创设学习情境，向大学生提供真实可感的问题背景，使学生沉浸在情境中并积极思考，解决相关问题，最终得出实践性的具体结论，进而帮助深化他们对理论的理解。

运用新媒体技术可以实现对学习情境的有效创设。虚拟现实技术的发展使得场景的重现变为可能，虚拟现实技术是一种仿真技术，具有超时空的特征，可以根据教育者的需要还原真实的场景，能够再现现实的社会关系场景或历史的社会关系场景。虚拟现实技术可以使大学生沉浸在场景中，这种场景的建设既包括对过去的重塑，也包括对未来的模拟，也就是说大学生既可以充分探索并理解知识的来源，也能将知识运用到未来实践中，有了充分自由的学习空间，这种沉浸式的学习，可以激发大学生的感性认知，引发大学生的情感认同，有利于价值观的引导。例如北京理工大学VR互动体验系统《重走长征路》，就是运用虚拟现实技术对红军长征场景进行再现，学生可以通过该情境深入体会长征过程的不易，感悟红军战士的坚定信念。

---

[1] 李宁，王丽. 新课程背景下教学方法的运用[M]. 长春：吉林文史出版社，2013.

第二，泛在教育法。现代社会科技的发展使新媒体成为人们生活的组成部分，大学生的日常生活离不开新媒体，可以说新媒体无处不在，正是由于新媒体在人们的生活中具有十分广泛的应用，因此通过新媒体实施"泛在教育"成为可能。"泛在教育"的基础是"泛在学习"理论，而新媒体具有及时性、移动性、可获取性、情境性等特征，适合于泛在学习，泛在学习是："基于泛在计算和泛在网络这一系列硬件基础条件之上构筑的新型学习模式。是指通过借助泛在计算以及泛在网络平台，将学习交织在日常生活中，学习者能通过对周围环境信息和工具设备信息的收集，为其提供与情境相关的学习活动和内容。"[1]新媒体是大学思想政治教育使用泛在教育法的有效手段。

首先，高校应构建良好的泛在性学习环境，拓展和延伸大学生思想政治教育的空间，充分满足大学生的学习需求，保障大学生在任何地点和时间都可以进行学习，这也是泛在性学习最直观的表现。其次，高校要加强大学生思想政治教育的交互性，搭建交互平台，使大学生可以通过微信、QQ、微博等新媒体平台与同学或教育者实现交互，从而在讨论中解决自己的问题，完成协作式的学习，解决大学生的学习需求，使大学生不再是在有限的、确定的时间里进行被动学习，而是在有需求时随时进行学习。最后，高校要利用新媒体手段丰富大学生的资源获取渠道，传统大学生思想政治教育模式下，大学生能获得的资料十分有限，学习工具和学习方式也比较单一，无法满足大学生的个性化学习需求。高校运用新媒体可以丰富教育资源，利用新媒体的易获取性实现教育资源的泛在性。

泛在教育法正是通过新媒体的伴随性，潜移默化地完成大学生思想政治教育，相比于传统课堂教学，泛在教育是以学生的需求为出发点，并且教育方式较为缓和，往往学生在没有意识到的情况下，就已经完成了思想政治学习。大学生思想政治教育要改变传统教育资源单向、静态、固化的特点，以开放、共享、包容的理念，促进大学生思想政治教育资源向开放、协作、共创的模式转变。

第三，自我教育法。自我教育是指以自我意识为基础教育自己，是一种主动性的学习习惯和学习心理，大学生可以以促进自我发展为目标，根据发自内心的学习需求，完成自我认识、自我学习、自我反思的过程，从而满足内心对社会规范和自我发展的需要。大学生思想政治教育中的自我教育法："是通过人们自身思

---

[1] 梁刚. 试论泛在学习时代高校思想政治教育的创新[J]. 教育与职业, 2011（9）：2.

想的矛盾运动进行的，也是人们自觉接受先进思想和正确行为，克服错误思想和不良行为，促使自觉的政治倾向和思想品德向良好的方向转化、发展。"[1] 自我意识是自我教育的基础，没有自我意识，自我教育就很难实施。自我教育要达到教育主体与教育客体的直接统一。自我教育是个体积极主动提升自我修养和道德素养的表现，自我教育可以提升大学生的自我管理能力，帮助他们认识到自己同他人和社会的关系，并促使大学生了解社会和他人。从客观的角度看外界学习环境以及学习内容的选择都有可能影响自我教育的实施，从主观意识的角度看，大学生的学习动机、学习目标、学习策略都会影响自我教育的实现。

新媒体的发展使自我教育法更易实现。新媒体视域下通过自我教育法完成大学生思想政治教育的关键在于，教师身份的转变和教学方式的改变。教师由传统教育模式下的权威，变为思想政治教育中的指导者和帮助者，通过对教学内容的分析，制订科学的教学策略，指导学生进行学习，并帮助他们完成自我教育。教育者要引导学生建立自我意识，并独立进行对思想政治教学内容的分析，并自主借助新媒体手段查阅、整理、分析相关教育资源，从而得出结论。在这个过程中学生可以培养自己独立思考和独立判断的能力，满足自己自我提升的需求，积极主动地学习新知识、新技能。教育者还要做好自我教育的监督，新媒体使信息的交互更为广泛，有益的信息可以使大学生获得成长，有害的信息和思想观念也会使大学生产生错误的价值观，因此教育者要监督、引导大学生避免被互联网的错误言论影响。新媒体极大地方便了学生的自我教育，因为传统教育模式下，大学生学习思想政治理论缺乏海量的资源支撑，也无法随时随地地交流学习想法，解决学习问题。但是新媒体平台充分地解决了这些困难，既能提供大量的教学资源，还使学生使用教育资源的过程更加便捷，同时还能促进大学生之间的交流。大学生可以通过平台提出问题、交流看法，畅所欲言。新媒体为大学生打造了一个开放、共享、协作的自我教育平台，在这里，大学生可以充分地发表自己的见解，表达自我、释放个性，分享自己学习的感悟，探究学习过程中遇到的问题，针对当下热点进行讨论，这激发了大学生学习的主动性。

---

[1] 郑永廷. 思想政治教育方法论：第2版[M]. 北京：高等教育出版社，2010.

二、完善拓展教育实践活动与校园文化宣传路径

新媒体的信息来源更加广泛，传播方式更是多种多样，新媒体打破地域限制，使现代信息的传播更加便捷，从而增强了信息传播的影响力，提高了信息的时效性。新媒体可以扩大校园文化宣传影响，丰富校园实践活动的形式和内容，使信息传播形式更加生动、多样。

（一）教育路径：微信、微博、虚拟社区、VR技术

2011年腾讯公司推出了一款移动社交软件，引爆了互联网的社交浪潮，它就是"微信"。时至今日，微信仍然是人们交流沟通的重要工具，是现代社会信息传播的核心渠道，微信的功能也在不断地增加、拓展。现代社会人们的生活节奏逐渐加快，人们无法悠闲地利用大量的时间来进行信息的获取或学习，因此人们的信息获取呈现出碎片化的趋势。微信可以有效提升人们碎片化时间的价值，使人们在碎片化的时间里得到更多的信息，因此微信成为人们生活中的重要媒介。大学生对于新媒体有着十分强烈的兴趣，新媒体出现在大学生生活的方方面面，大学生对于新鲜事物的接受度也较高，基于大学生的自身特点和大学生思想政治教育工作的实际需要，高校也在积极探索，如何使用微信及微信公众号建设大学生思想政治教育工作的新路径，微信以及微信公众号已经成为一所大学传递信息、凝聚情感、开展活动的重要渠道。

首先，微信支持各种各样的信息传播方式，文字、语音、图片、视频等方式都可以通过微信传播，这可以使教育信息更加形象生动。微信依托于移动设备，可以很好地融入大学生的日常生活中，也将教学场景和生活场景合二为一，打造泛在教育环境，充分发挥学生的主体作用，完成大学生思想政治教育"双主体"模式的转变和延伸，使大学生思想政治教育脱离传统课堂，回归大学生的生活，从而达到使学生长久、持续、随时学习的效果。其次，微信作为信息交流媒介体现出一种信息交流的开放、包容、平等和扁平化的特点。传统大学生思想政治教育模式以教师的单向输出为主，教师很难及时有效地收到学生的反馈，这降低了学生参与学习的积极性，教师也很难掌握学生的学习程度。微信这种平等、及时的交流方式可以增加学生参与教学活动的机会，使师生之间的交流更加和谐，调动了师生双方在教学活动中的积极性，增强了大学生思想政治教育的民主性、多

样性、开放性，拉近了师生关系。最后，微信传播的信息并没有课堂教学所包含的信息那么庞大，微信旨在从微观的角度，对大学生思想政治教育抽象理论进行细化解读，是对传统宏大叙事教授方式的拓展与补充。

微博是英文 Micro Blog 的中文翻译，"是一个基于网络用户关系的信息分享、信息传播以及信息获取的平台。用户可以通过登录网站、手机短信、即时通信软件（QQ、MSN、飞信等）和外部 API 接口等途径即时发布并更新消息，每条消息的长度限制在 140 字左右。"[①] 微博是大学生最常使用的新媒体之一，它是聊天室、论坛、博客等多种网络社交形式功能的集合体。微博同样满足人们碎片化信息获取的需求，通过简短的文字就可以表达个人见解，针对社会问题进行讨论，而且微博的使用门槛低，即时性强，因此符合大学生的信息传播和获取需求，迎合大学生的个性化发展需要。微博为大学生打造了一个开放、共享、平等的社交平台，拓展了大学生的社交空间，满足大学生的社交需求，通过微博大学生可以打破地域限制，不再把社交局限于校内环境，而是可以通过互联网认识各个地区、国家、阶层、年龄的人，促进了大学生的人际交往。微博还尊重大学生的主体性，给予他们在信息交流过程中的自由选择权和对信息的广泛知情权。

校园 BBS 虚拟社区："虚拟社区是由具有共同兴趣及需要的人们，利用网络传播的特性，通过网上社会互动为满足自身需要而构筑的新型的生存与生活空间。虚拟社区是网络社会的构成单位，是一个具体的、有限的网域社会共同体。"[②] 校园 BBS 虚拟社区就是校园电子公告平台，不同于微博、微信等社交主流媒体较强的社会性，校园 BBS 虚拟社区更关注于校园内部的社交活动和信息传播，是高校进行内部交流和资源共享的空间，具有开放性、超时空性和群聚性的特点。校园 BBS 虚拟社区对校园文化的传播和教育实践活动有着一定的影响，不同高校的校园 BBS 虚拟社区受其校园文化的影响也会有不同的交流风格，具有不同的特色，所以高校学生对本校的校园 BBS 虚拟社区会有很强的归属感，并且也可以通过其他高校的校园 BBS 虚拟社区了解它们的文化风格，实现信息共享，拓展交际空间。大学生在校园 BBS 虚拟社区的种种社交行为，也会影响校园文化的建设。例如，清华大学的"水木清华"注重校园 BBS 虚拟社区分区的建立和板块的划分，

[①] 吴勇. 微博：大学生思想政治教育的新载体 [J]. 广西社会科学，2011（8）：3.
[②] 王宏. 网络环境下高校思想政治教育创新的路径选择 [J]. 中州学刊，2012，189（003）：37–39.

使社区内部的信息更加便于学生共享和获取。板块和分区也不是长久不变的，会根据当下热点和学生的喜好作出相应的调整，以此来加强学生之间的沟通和表达，保持本校虚拟社区的活力。南京大学"小百合"专门设立了"校长信箱"板块，通过虚拟社区增加了学生意见的反馈渠道，加强了校领导和学生之间的交流，还能使教育者及时了解学生的想法以便于控制和引导舆论，将因为信息误差而造成的误解消除在源头。

VR虚拟现实技术可以通过计算机仿真系统打造仿真虚拟环境，达到再现现实世界环境的目的。虚拟现实技术可以通过计算机生成各式各样，跨越时间、空间的现实场景，并触发人们的各种感官，让人身临其境。这一技术使情境教育得到了很大的施展空间，丰富了大学生思想政治教育的方式，对于校园实践活动影响深远。大学生可以通过虚拟现实技术直观感受历史场景，感悟中华民族的宝贵精神，也可以通过这一技术将思想政治教育理论进行实践。

（二）教育形式：交互式、协作式、共享式、体验式

第一，交互式。交互式学习是依托于现代互联网环境和高速发展的信息技术而产生的现代教育形式，十分受学生喜爱。交互式学习主要依赖新媒体，由于新媒体具有较强的交互性，交互式学习才得以发展。信息技术和互联网技术使教育者和大学生可以在新媒体平台上完成多维互动。由于新媒体社交平台具有共享、互助、平等交流的特点，师生之间通过新媒体平台完成交互式学习，可以有效拉近师生之间的距离，促进师生交流，有利于大学生实现知识扩充和解决学习问题。"在此过程中，学习者借助一定的网络交互平台，分工协作，各司其职，互帮互助，发挥集体协同效应，共同完成任务。"[①]

交互式学习可以使教育者和学生之间平等交流，改变以往传统教育模式中教育者单向灌输的局面，学生转为主动向教育者寻求帮助，通过教育者和学生之间的探讨、交流，教育者可以有效引导学生的学习方向，帮助学生完成理论知识的建构，学生也可以获取宝贵的知识，解决自己在学习中遇到的问题。这样的学习过程可以发挥学生的主观能动性、积极性和创造性，鼓励学生自主完成学习，养成良好的学习习惯。"人在与他人（尤其是多个他人）的交往中，会将他人发展

---

① 赵建华，李克东. 协作学习及其协作学习模式[J]. 中国电化教育，2000（10）：2.

的多样性、差异性吸收到自身发展之中，比如吸收他人的思想观念、价值取向、思维方式、行为方式等，从而使自己的内心世界丰富、开放，灵活、多样"。① 大学生思想政治教育中的交互式学习可以使大学生的思维更开阔，通过与教师进行多维度、平等的交流以及学生之间互相的探讨，学生自身可以获取更多的知识和观点，从而使自己的思想更全面，完善个人的价值观。交互式的学习方式，依托于新媒体平台建立起了一种多维的对话体系，激发了大学生的对话意识和自主学习意识，扩大了大学生的社交范围，提高了他们的对话能力。教师还可以通过交互式学习对话，及时发现大学生的问题，引导他们树立正确的价值观念、道德准则和行为规范。

第二，协作式。"协作式"的教学，要求为多个学习者提供对同一问题用多种不同观点进行观察比较和分析综合的机会，以便集思广益。这不仅对问题的深化理解和知识的掌握运用大有裨益，而且对高级认知能力的发展、合作精神的培养和良好人际关系的形成也有明显的促进作用。② 新媒体视域下大学生思想政治协作式教学，不仅要求人与人之间的协作，还促进了教育资源的共享，拓宽了教育资源的获取渠道。由于并不是所有的思想政治教育教学内容都可以运用协作式教学模式，首先教育者要根据大学生思想政治教育需要，针对具体的学习内容确定协作式学习的教学目标，将协作式学习和传统教育模式相结合，形成适合学生发展需要的教学模式。其次，教育者应根据学习目标确定学习任务，并按照学生的实际情况进行分组和学习任务分配。最后，教育者要运用新媒体平台完成协作式教学。新媒体平台和网络信息技术，扩大了协作式教学的范围，使协作式教学不再局限于课堂上，协作式教学的参与者不仅仅局限于教师与学生或者学生与学生，而是拓展到新媒体平台上的每一个教育主体。大学生通过新媒体平台完成交互和资源共享，共同协作完成学习任务，在这个过程中，学生实现了自主学习并积极思考、解决思想政治学习中遇到的问题，还能提升自己的合作能力、人际交往能力，培养协作精神、发散性思维和批判性思维。

第三，共享式。共享既是一种理念也是一种行为，旨在通过分享丰富自身的资源。当今社会信息科技的发展使人们获得信息的方式越来越多，信息成为人们

---

① 陈佑清.试析交往的发展效应 [J].湖北大学学报：哲学社会科学版，2000，27（2）：6.
② 孙丽芳.网络环境下信息检索课协作式教学策略实施 [J].图书馆论坛，2006，26（2）：3.

自我成长、实现成功的关键因素。共享式教育强调教育过程中各种优质教育资源的共享，这种共享既包含教学资料的分享，也包括学生之间、师生之间的交流讨论、思维共享，从而达到思维创新的目的，实现合作共赢。

要实现共享式学习模式，首先高校要拥有大量优质的教育资源。无论是教师教学能力的提升还是学生的学习、成长，都离不开教育资源的帮助。优质的教育资源可以拓宽人们的视野，为教育者和受教育者的教学过程提供大量的素材，帮助其深入研究和思考。其次，高校要培养学生的共享意识，营造开放、共享的学习氛围，促使学生以开放的心态积极分享自身的教育资源，包括个人的观点和知识。共享学习对于大学生思想政治教育有着很大的影响，思想政治知识的建构并不是一个闭门造车的过程，需要大学生完成知识的内化和对外探讨、交流。通过观念和思维的交互，大学生可以分享自己的见解和问题，并通过他人的表达和分享，完成对自身思维缺陷和知识不足的完善。共享式学习既要求大学生自身先对知识进行充足的学习、掌握、分析、思考，从而获得一定的学习成果，也要求大学生能积极地与他人交流、分享，从而印证或完善自己的观点。

新媒体具有即时性、交互性、开放性、共享性、伴随性、易获取性等特征，为大学生思想政治教育实现共享式教育模式提供了有力的技术支持。共享式教学主要有两种形式，一种是同步共享，指在有组织的情况下，在同一时间通过统一平台对教育资源进行共享；另一种是异步共享，即通过校内的新媒体平台，发布个人的观点或见解，并吸引其他感兴趣的同学共同讨论。新媒体打破了时空限制，促进了高校内部以及高校之间的优质教育资源共享。依托于现代信息技术和新媒体平台，我国高校已经探索出了多种教育资源共享方式，例如，学习平台的建设、课程互选、网络精品课程的共享、名师交流、学分互认等。

第四，体验式。"传统的体验式的大学生思想政治教育以课堂教学活动、日常生活体验、参观考察、社会实践和旅游活动等实践活动为主要形式，以个体主动参与、亲身体验为特征，以直接经验为主要课程内容所展开的教育活动。"[1] 传统教育模式下，教育者是教学活动的中心，受教育者往往只能被动接受教育者传授的知识。体验式的教育方式更关注让大学生思想政治教育回归生活，重视受教育者的内心感受。体验式教育运用现代技术，将新媒体融入大学生思想政治教育，

---

[1] 余双好. 关于思想政治理论课体验式教学的思考 [J]. 思想教育研究，2012（2）：54-58.

以情境的创设增强大学生在学习过程中的情感体验。教育者利用包括虚拟现实技术在内的多种新兴技术，使课本上的思想政治理论知识转化为直观、形象的多重感官刺激，帮助学生实现对知识的内化和自主构建。

（三）教育方法：渗透教育法、隐性教育法、疏导教育法

渗透教育法：与传统思想政治教育强制性的理论灌输不同，渗透教育法要求教育者将教育的目标、内容、功能等运用科学的方法和载体渗透到大学生的思想政治教育活动中。这种方法强调通过一种潜在的渗透式的方式，达到潜移默化的教育效果。渗透教育法做到了理论和实际结合，教学与生活结合，是一种寓教于情、寓情于理的生活化教育。渗透教育法要求教育者要通过新媒体平台，选择合适的话题，引导学生在日常生活中使用新媒体平台进行互动，完成对思想政治教育内容的探究和讨论。教育者借助新媒体的生活化、大众化、娱乐化的特性，促进大学生思想政治教育模式向着更适应大学需求的方向发展。教育者应该关注校内外新媒体平台的最新信息，掌握校内学生以及社会的思想动态和时下热点，在课上也可以将实际热点与思想政治理论结合，加深学生对理论知识的认识。

隐性教育法：隐性思想政治教育方法是一种全方位、多维度、间接式、跨时空的开放式教育方法，教育者将教育的内容、目标、任务隐藏在受教育者的生活、学习环境中，使受教育者在没有意识到的情况下，接受思想政治教育。隐性教育法延长和扩大了受教育者接受思想政治教育的时间和空间，并且这种潜移默化的方式不会引起学生的反感。教育者通过具体的环境，将教育内容融入文化、制度、管理等方面，从而形成一种含蓄、隐蔽的思想政治教育模式。隐性教育法的运用需要依托于具体有效的教育载体，而新媒体有着虚拟性与公开性、广泛性与针对性、多媒性与自主性多重特点，因此新媒体成为现代社会隐性教育的重要载体。教育者将教育内容融入新媒体环境中，并通过文字、图片、声音、动画、视频、游戏等各种形式展现出来，在新媒体平台中营造浓厚的思想政治教育氛围，激发大学生的学习兴趣，实现大学生思想政治教育的目标。

疏导教育法：大学生思想政治教育归根结底是对大学生思想意识和价值观的培养，是为了解决大学生成长过程中的一系列思想认识问题，从而引导大学生积极健康地成长。疏导教育法在大学生思想政治教育中发挥着重要的作用，它主要

有三种形式：分导、利导和引导。疏导教育法的关键在于要对受教育者进行思想上的疏导和引导，帮助大学生提升思想觉悟，建立正确的人生观、价值观，摒弃外部诱惑，坚定理想信念，扫清思想上的误区和障碍。新媒体视域下在大学生思想政治教育中运用疏导教育法主要有两种形式：一种是对新媒体平台中的各种信息和舆论进行监控，及时把控突发事件的走向，疏导网络舆论产生的不好影响；另一种是借助新媒体信息开放、即时，互动性强，传播范围广的特点，使其成为大学生思想政治教育的载体，帮助实现大学生思想政治教育目标。

三、完善拓展教育管理路径

（一）教育管理路径：校园网、教育管理系统、教育应用软件

21世纪，科技的发展日新月异，特别是信息技术的发展，已经影响到了人类社会的方方面面，教育也朝着信息化的方向发展，可以说高校教育的信息化程度，体现了高校教育的实力。现代信息技术在教育领域的运用，推动了高等教育的跨越式发展，使教育越来越便捷、高效。信息化是高等教育大众化和构建终身教育体系的必由之路，有利于我国建设学习型社会。信息化最广泛的表现方式就是校园网，校园网是当代高校开展教育教学和管理工作的重要渠道，是以校园内计算机、互联网络、软件等系统集成的应用系统。校园网还会连接广域网，从而完成远程教育工作和实现远距离的信息交流、资源共享。校园网的建设是保障网络教学和信息管理等工作正常运转的基础，同时还为高校的各项宣传、办公管理等工作提供了有力的技术支撑。校园网建设不仅是网络环境的搭建和相关设备的建设，还包括了教育管理系统与教育应用软件在内的软件系统建设，软件系统是校园网教学和管理功能实现的基础。高校应注重校园网络体系在大学生思想政治教育中的重要作用。首先，要注重校园网络安全体系的建设，进一步提高校园网络安全技术，构筑高校思想政治教育的网络"防火墙"；其次，高校要做好教育资源的整合以及与校外资源的共享，构建大学思想政治教育资源共享网络体系，丰富大学生的思想政治教育资源；再次，高校要注重官方校园网站的维护，要在官方网站开设思想政治教育板块，还要加强思想政治教育网络平台的建设，为学生提供可以自由交流，开放共享的主流网络平台；最后，高校要掌握校内外网络热点事

件，监控校内网站的网络舆论，整合校内外媒体资源，通过网络途径实现大学生思想政治教育目的，传播有利于大学生成长和价值观建立的信息，拓宽校内宣传工作路径。

（二）教育管理形式：信息化管理、数据化管理、协同管理

现代信息技术有着强大的信息整合、分析、管理方面的功能。大学生思想政治教育方式在新媒体环境的影响下，逐渐向信息化、数据化、各部门协同管理的方式转变。新媒体通过向教育者提供有效的管理决策信息来帮助教育者进行决策，新媒体的数据管理和信息处理功能可以有效帮助教育者监督、协调、指导和评价各项教育工作。新媒体的数据管理和信息处理功能体现在大学生思想政治教育管理工作的各个方面，例如，上课签到、作业提交和评价等应用软件以及微信、微博、QQ群等社交平台都为大学生思想政治教育事务性管理工作提供了便捷。新媒体平台的多样化，使各个平台和应用软件之间实现了功能上的互补。

高校教育管理的信息化是必然的趋势，在这一趋势的推动下，高校内部的信息化管理逐渐加强，高校之间乃至各个省、市间都会在信息化管理工作中产生各种各样的数据信息，高校可将这些教育数据资源进行共享。正是由于信息技术和海量教育数据的支持，新媒体视域下大学生思想政治教育管理也会在信息化的趋势下变得更加科学、细分、精准。教育者通过对大学生日常数据的分析可以掌握学生的思想状况、行为动向、热点关注、情感走向，并结合大学生的思想、行为规律，帮助管理学生的生活事务和监测大学生的心理状况。高校的各个管理部门应当团结协作，共享数据资源，实现大学生思想政治教育协同管理。

（三）教育管理方法：柔性管理法、刚性管理法

"柔性管理"是"思想政治教育工作者在研究大学生心理和行为规律的基础上，采用教育、激励、引导、暗示等非硬性的工作方式，在大学生心目中产生一种潜在的说服力，充分调动学生的自我管理、自我约束的积极性，使其自觉地接受外部规范化的约束管理，以达到预期管理目标的工作方法"[①]。柔性管理的主要目的在于"增强管理者对各种变化情况的适应能力，突出了适应变化、快速反应、

[①] 旷勇，宁曼荣.柔性管理：大学生思想政治教育工作新视角[J].黑龙江高教研究，2005（8）：3.

及时变革、灵活应对的理念,强调管理者与被管理者的积极互动"[①]。新媒体视域下的大学生思想政治教育管理更注重对学生主体性的尊重和对学生主观能动性的培养,这与柔性管理"以学生为本"的核心不谋而合。新媒体环境具有开放、共享的特点,这使学生能够积极主动地表达自己的观点。教育者要构建以新媒体平台为载体的文化宣传和思想意识传播阵地,贯彻柔性教育中尊重学生个性化发展的原则。通过柔性管理方法,以新媒体作为信息发布的渠道,从而发布符合主流价值观,弘扬正能量的信息。教育者还可以运用社交软件实现与学生的平等交流,加强对学生的引导。

刚性管理是以管理者为核心,通过制度约束、统一严控和高度集权实现的管理方法。刚性管理要以各项规章制度的建立为基础,通过制定统一、硬性的规则,来实现对受教育者的约束。制度约束、纪律监督、奖惩规则等是刚性管理中不可缺少的管理手段。新媒体视域下的大学生思想政治教育刚性管理要从两个方面入手,一是技术层面上的管控,营造安全的校园网络环境,保障校园网络系统安全运行;二是规章制度的建立和完善,新媒体的发展日新月异,高校要提高站位、紧跟形势,制定完善、全面的网络管理制度,并根据实际情况及时调整。教育者要严格做好大学生思想政治教育的刚性管理工作,大学生的各方面思想意识和价值观念还没有建立完善,容易受外界影响,从而形成不正确的思想和观念。当代社会大学生接触到的信息太过庞杂,其中会有一些不健康、消极的信息,影响着大学生的心理健康。因此刚性管理并不是为了惩罚学生,而是为了在一定的范围内保护大学生的自身成长不受外界不良信息的干扰,通过维护新媒体的使用秩序来规范大学生的网络社交行为。因此教育者要建立全面的新媒体舆情动态管理机制,对于不规范使用新媒体的学生要按照规章制度严肃处理;还要加强对校园网站内各种言论和信息的管理和筛选,将不实信息和不良言论扼杀在源头,净化新媒体舆论环境。

[①] 张耀灿.现代思想政治教育学[M].北京:人民出版社,2006.

第二节 以社交媒体为依托的互动式教育路径

一、思想政治直播互动式教育的应用路径

教育者将网络直播嵌入思想政治课教学中是为了迎合现代学生的喜好和思维方式,通过思想政治课直播互动教学创设直播情境,吸引学生沉浸在思想政治课教学内容中,从而提高教学效果。教育者要建设思想政治直播互动式教育的应用路径,就要搜集直播互动的教学资源、发掘教材优质内容进行在线直播互动教学等。

(一)搜集直播互动教学资源

传统思想政治教学资源也在向着信息化的方向转变,丰富了思想政治课网络信息资源的内容。思想政治课网络直播互动教学的资源主要分为三种:课内与课外资源,线上与线下资源,理论与实践资源。教学资源直接影响了网络直播互动教学的教学质量,互联网时代庞大的教学资源对教育者的资源采集和整理能力也提出了更高的要求,教育者仅仅依靠传统的社会科学研究方法已经不够了,因此教学资源的采集也需要大数据技术的支持。通过大数据的提取和分析技术,教育者可以直观、快速地看到数据背后反映的现实现象和心理活动,从而对大学生的现实状况作出准确的判断,并为网络直播互动教学的资源选择提供现实依据。实现网络直播互动教学和教学资源有效结合,可以创设思想政治教育情境,再现历史探索路程,保护和传承传统教学资源。

(二)发掘教材优质内容

网络直播是当下大热的新媒体方式,网络直播有着内容新颖、丰富,形式多样的特点,同时网络直播的形式能够带给人们多重的感官刺激,调动观看者的情绪,从而吸引越来越多的关注。网络直播也受到大学生的喜爱,特别是游戏直播、娱乐直播、体育直播这些符合大学生当下需求的直播内容。但是一味地迎合观看者的猎奇心理,不断地追求形式的夸张而忽略内容重要性的网络直播是无法长远发展的,因此要想实现网络直播的可持续发展就要关注内容质量的提升。思想政

治课网络直播互动教学也要注重教学内容的选择，教育者要充分挖掘优质思想政治教学内容，并进行整合梳理，以此来激发学生的学习兴趣。传统思想政治理论知识枯燥无味，即使教育者运用网络教学的方式将其讲述出来，也很难引起学生的重视，无法引导学生进行自主学习和长久学习，只有不断地优化思想政治教育的直播教学内容，从形式和内容上双管齐下，才能强化直播的感官刺激，深化直播的内容感染力，从而扩大网络直播教学的影响范围。教育者既要有扎实的专业理论功底，能够将思想政治理论知识的核心正确地传达给学生；同时也要有深挖优质教学资源的能力，从多个角度对教学重点进行深度解析。另外教育者还要善于接受新鲜事物，将课本理论和时下热点结合，使思想政治网络直播教学内容更加鲜活、生动和丰富。

（三）进行在线直播互动教学

教师需要通过在线直播互动教学进一步强化个人教学能力，并确立自己的在线直播互动教学生长点，以大学生思想政治理论为基础，结合现实问题进行解读和评判，从而形成蕴含思想政治课自身特色的创生性直播方式。网络直播互动教学方式，是顺应时代发展，迎合学生喜好，使教学方式趋于便捷、开放、现代化的一种转变，但是大学生思想政治教育的理论核心不能被忽略。教育者要避免盲目追求网络直播互动教学的外在形式和内容的新颖、泛娱乐化，要注重通过在线直播，将思想政治教育的深刻理论通过合适的方式传达给学生，要对思想政治理论知识进行精准解读、深度评析和有效宣讲。教育者应明确网络在线直播只是一种教学手段，思想政治教学内容才是核心，要强调对理论知识地精准剖析和对主流文化地有效宣扬，以及教育者个人对理论知识和热点事件的独到见解。教育者还要发挥监督作用，动态监测管控在线直播进程，防止学生过度沉迷于直播平台，要将思想政治教学目标放在首位。

思想政治课进行网络直播互动教学是基于当代社会互联网快速发展的社会现实，以及受教育者对于互联网教学的实际需求，而作出的一种改变，是对思想政治课教学改革的认真探索和发掘。思想政治课的网络教学形式改革是为了提高教学质量，拓宽大学生思想政治教育路径，以更全面的角度进行大学生思想政治教育，弥补传统教育的不足。思想政治课的网络直播教学无法取代传统的课堂教学模式，但确实是提高思想政治课教学实效的有力实践，使思想政治教育突破了时空的限制，实现了优质思想政治课教学资源共享。

二、O2O互动式教学模式在高校教学中的应用

（一）利用O2O互动式教学模式合理安排课程教学

O2O互动式教学模式可以加强师生之间的互动频率，使师生之间建立友好、平等的教学关系，从而促进学生的学习积极性、主动性。O2O互动式教学模式还可以打破传统课堂的时间、空间限制，使学生可以在任意时间和地点进行思想政治学习，延伸了大学生的思想政治学习时间和空间，使学生的学习不受传统课堂教学模式的拘束，更加具有自主性。

（二）O2O互动式教学平台的应用

O2O互动式教学平台系统的应用主要依赖于互联网技术，同时也离不开教师对于教学资源的整理及制作。首先，教师要通过互联网将教学所需的资源上传到云端，其次，教师还要根据教学资源的形式和内容进一步优化、整理教师资源，方便学生阅览、查询和下载，最后，学生可以登录自己的账号，随时随地地下载教学资源进行网上学习。在具体操作过程中，要求教师做好以下几个方面的工作。

（1）利用新媒体社交平台，如微信、QQ等组织学生进行学习，并方便学生进行交流互动，为学生答疑解惑。教育者还要申请并注册固定云盘，设置用户端。

（2）将教学过程中的全部教学资源上传至云盘，为学生提供大量优质的教学资源，供学生自由选择和学习。

（3）教学资料上传完成后教师要进行分门别类的整理，建立清晰明了的类别目录，并向学生提供云盘资源的链接和账户，方便学生登录并下载相关资料。

（4）O2O互动式教学前期可以将一些简短精炼的小视频作为教学资源，随后再建立云教育平台供学生在线学习和交流，以循序渐进的方式引导学生适应并充分利用O2O互动式教学方式。

（5）O2O互动式教学虽然依赖于教学平台和学生的自主学习，但是教师在上传完教学资料后还是要关注学生的学习进度，并及时为学生答疑解惑，不仅要

在线上和学生充分交流，解决学生的问题，也要在线下课堂针对典型问题进行分析，和学生面对面地交流。

（6）要结合实际情况，线上线下同步教学，达到云教育平台教学内容和线下课程相辅相成、互相促进的效果。从而进一步拓展课程内容，丰富学生的知识结构。

（三）加强对教学方式的变革

O2O互动式教学模式可以与慕课、视频网站、微信公众平台等方式结合。慕课O2O互动式教学模式有利于小型私密开放课程（SPOC）的实现。而视频网站O2O互动式教学模式，可以以教学小视频的形式进行教学，满足学生的实际需求。微信公众平台O2O互动式教学模式，以学生常用的微信社交软件为载体，教师通过申请公众号的方式，定期向学生发送相关的教学资源，可以大大提高学生对教学资源的使用率，微信公众平台支持多种格式的教学资源，更加方便快捷。

三、以社交媒体为依托的互动式教育策略

（一）引导学生理性应用社交媒体优势开展学习

1. 利用思政课程引导学生理性使用社交媒体

大学生处于成长的关键时期，个人的思想意识、价值观念尚在建立阶段，大学生使用社交媒体的频率很高，接收的信息质量良莠不齐。教育者要注重对大学生进行正向的引导，要以社交媒体为核心设计教育专题，利用大学生思想政治教育理论知识，帮助大学生武装自己的思想，坚定理想信念，树立正确的价值观念，提高警惕性和自我保护能力。学校要加强实践教育，将实践活动加入思想政治教育课中，通过社交媒体使用体验、网络安全演练等活动，结合实际案例讲解，增强大学生的防范意识，保证自身的安全和权益不受侵犯。教育者还要向大学生传递正确的信息辨别观念，提高大学生在社交媒体上的信息甄别和信息筛选能力，使大学生在面对有害信息时可以作出正确的判断和处理。

2. 利用网络安全教育增强学生安全意识与自我保护能力

当代大学生使用互联网的频率较高，因此网络安全与大学生的个人生活息息相关，为了大学生的身心健康、个人隐私和财产安全不受网络的影响，高校应充

分重视大学生的网络安全教育。教育者要针对大学生的特点进行网络安全教育，特别是要注重实践活动的开展，网络安全理念的传播固然重要，但是影响力度和范围有限，因此高校要组织开展丰富多彩的网络安全活动，设立网络安全教育主题月，积极传播网络安全知识，增强学生的安全意识和自我保护能力。学校可以组织网络安全知识竞赛，促进大学生自发地学习并掌握网络安全知识，还要重视对学生进行个性化的网络安全指导和辅导，有效提高学生的网络安全素养。学校要阶段性地开展网络安全教育讲座，分析和解读当下的真实案件，宣传相关法律法规知识，还要给学生提供切实可行的防范方法。

（二）筛选推广优质信息利用社交媒体营造学习氛围

1. 建立专门的网络教育平台

高校应加强专门的网络教育平台的建设，可以与主流社交媒体平台合作，建立学校的官方账号，日常发布相关的高校思想政治教育信息，使学生实现碎片化的学习；还可以建立学校内部的专门网站，以专题的方式引导学生浏览高校思想政治教育信息，从学术、文化、艺术、社会实践等各个方面，向学生提供优质的信息资源，从而提升学生的综合素养，帮助学生树立正确的价值观，促进学生思想觉悟的提高。

2. 利用思政课程推广优质信息

教育者可以深挖思想政治教育课程的内容，将优质信息与教学内容相结合，帮助学生完善自身的思想政治知识体系和道德体系的建构；可以在思想政治课程中讲解职业道德的相关内容，引导学生建立廉洁、勤政、公正、公平的职业观念，为大学生走上社会，服务社会打下基础；可以在思想政治课程中讲解法制内容，提高大学生的法律意识，引导学生自觉维护法律的尊严；还可以结合社会实际，引导大学生学习和思考如何正确使用社交媒体，如何在信息时代甄别和筛选信息等。

（三）保证内容合理合法利用社交媒体增强思想素质

1. 利用思政课程加强学生对社交媒体的认识与理解

社交媒体是社会科技发展的表现，给人们的生活带来了极大的便捷，但是社交媒体的使用也存在着很大的问题，如虚假信息、隐私泄露、网络暴力等。高校教育者应通过思政课程引导学生正确认识社交媒体的优劣，树立正确的使用观念，养成良好的使用习惯。教育者可以以此为中心设计教学内容，讲解社交媒体的使用规则和面对不良信息时的正确心态和行为。教育者还要鼓励学生畅所欲言，分享自己的见解和体会，以实际感受帮助其他同学正确认识社交媒体。教育者还可以通过丰富的实践活动，如微博互动、公众号推广等，采用理论联系实际的方法，加强学生对社交媒体的认识，增强自我保护能力和防范意识。

2. 建立专门的网络监管机制

高校应建立完善的网络监管机制，加强对学生网络社交行为的管理。建立网络监管机制首先要制定相关的网络管理制度，其次要成立专门的网络监督管理小组，运用网络防火墙、流量监测系统、内容过滤器等工具，对学生在社交媒体上发布的内容进行监督和管理。高校要从制度上作出严格规范，明确网络行为的界限，同时还要加强对学生行为的监督管理，对于不实信息应做到及时审核，尽快消除影响。针对发布不良信息，引起不良舆论的学生，要根据相关管理办法严肃处理。高校还要注重网络监管队伍的建设，加强对网络监督管理小组成员的培训，提高其专业水平和监管能力，同时还要对高校教师加强网络安全普及，从而保障高校网络信息的安全和稳定。

当代大学生正处于一个信息科技飞速发展的时代，社会的日新月异伴随着他们的整个成长阶段，大学生每天都处在一个不断变化的环境中，接受的信息量十分庞杂，而大学生对于信息的甄别能力有限，容易受不良信息的干扰或诱惑。因此在社交媒体的影响下，大学生思想政治教育的引导和教化功能就显得尤为重要，运用思政教育消除社交媒体带来的不良影响是我们当前的紧要任务。高校要通过思想政治教学提高大学生对信息的甄别能力以及判断能力，培养大学生的网络安全意识、社会责任感和法律意识；还要提高大学生的防范能力和自我保护能力，帮助大学生树立正确的价值观念，从而抵挡不良信息的影响。高校要通过实践加强对大学生的思想政治教育，社交媒体处于不断变化之中，因此高校对大学生的网络安全教育也不能停滞不前，高校要与时俱进，针对当下热点事件进行解析，完善培养机制和网络监管措施，从而适应社会发展，满足大学生成长的需要。

第三节 以大数据为支撑的个性化教育路径

一、建立思想政治教育的大数据平台

（一）建立学生信息的大数据管理平台

目前，教育部已经建立了一个统一的数据存储平台，用于保存中小学生的数据信息，而大学生的数据通常会保存在学校、招生办和教育机构等多个地点。因此，搭建一个集中的大数据平台，可以系统性地汇总、处理和评估学生的基本信息和经过学生同意后允许查看的详细数据，以科学的方式预测学生的行为，从而更有效地和更准确地对他们进行分层教育和指导。高校可以设立学生大数据研究管理中心，以更有效地利用科研成果和数据，逐步提升数据信息的利用效率。在处理日常生活数据时，大数据平台可以对数据进行分类和分析，根据数据的类型进行区分。获取学生信息的主要来源包括财务系统数据、信息管理数据、医疗系统数据、图像数据、视频数据、音频数据、电子邮件数据、网站数据等。利用这些数据信息，教育者可以分析学生的心理和行为，从而提高教学效果。

在建设学生信息大数据管理平台时，首先需要充分发挥政府在管理和引导方面的职能。随着数字化时代的发展，政府对数据管理和创新的重视程度日益增加。因此，建立和有效利用统一的大数据平台将成为必要举措。政府在推进建设和管理大数据平台方面扮演着非常重要的角色，应将大数据技术纳入思政教育，促进学生信息资源的数字化整合，加强学生的思政文化培养，提升学生的综合素养水平。其次，高校应该根据学生的特点进行个性化教学，实行系统化的校园管理。不同地区、不同高校、不同专业的实际情况都有所不同，高校要针对实际情况以及每个学生的具体情况，进行系统管理，让数据专员及时查看和更新数据，具体情况具体分析，做到因材施教，因势利导，对学生进行及时有效的指导。高校可以利用科技资源，增加有针对性的个性化学习内容，定期对学生进行相应的教育引导。最后，高校要充分顾及学生的个人意愿和心理需求。学校需要保持数据使用的透明度，并尊重学生的意愿，让他们有自主选择的权利，避免与他们的需求相冲突，保护他们的各项权益，维护信息安全。

（二）安排专人专职，定期进行安全测试

数据存储方式的多样化使得更多人能够接触到数据，导致了内部人员泄露数据的风险不断增加。高校、教师、教育部门、招生办等均具备了查询学生数据的权限，这也在一定程度上加强了数据的流动性，为了防范信息泄露，必须依靠专业人员的支持。专业人员是负责处理学生信息并履行个人职责的管理专家。通过雇用专业人员，高校可以有效地解决职责分配方面的问题。这种方法不仅可以降低数据泄露的风险，还可以促使员工对学生数据的存储和使用负起责任。一旦数据泄露的问题被发现，这些专家能够更快速、更有效地应对。此外，必须定期检查数据安全防护措施，以确保及时修复数据平台上的漏洞。这是因为数据风险防范技术的更新远远滞后于数据技术的更新，定期进行安全测试可以及时发现问题，而一旦出现问题，就必须及时解决问题，不必考虑复杂性或成本问题。只有这样高校才能够对学生负责，对数据负责。

在审查、评估、测试和监管数据平台时，要确保对所有数据进行全面的安全检查，包括动态和静态扫描，以及利用专门设计的开发和测试工具。必须雇用专业的管理人员来更有效地处理平台的安全隐患，并建立防火墙以确保学生数据的安全性。

二、提高思想政治教育参与者的大数据应用能力

（一）提高高校思想政治教育工作者的大数据意识

高校思想政治教育工作者作为高校教师，他们肩负着教书育人的重要任务，应为高校培养高素质、高质量人才作出贡献。在现今大学生思想政治教育中，思想政治教育工作者扮演着关键的角色，提升高校思想政治教育工作者的大数据意识，提高他们运用大数据技术处理问题的能力，可以潜移默化地提升学生对大数据的认知。大数据意识是指处理数据时数据主体所展现的思维方式、认知水平和态度，数据意识和数据判断力正是在此基础上才形成的。要在高校思想政治教育中提升教师和学生的大数据意识，就必须打破传统认知思维的局限性，强调将实证搜集与数据分析相结合。目前，高校已经为大数据的运用提供了支持和条件，以便思政教育工作者更加重视大数据的重要性，更加灵活地运用大数据思维进行

数据处理，采用量化分析深入探讨事物，增强数据挖掘和再利用能力，从而为培养高水平人才奠定了坚实基础。在高校的思政课教学中，高校需要加强对大数据的认识，同时推动教育工作者和行政人员之间的合作，提倡开放共享精神。此外，高校还要培养他们批评和自我批评、数据安全和创新的意识。在操作过程中，高校需要确保数据的准确性和可靠性，同时谨慎保护学生的隐私信息，在大数据和学生思想政治教育活动有机结合的基础上进行全面推进。

（二）展现家庭思想政治教育的网络优势

高校可以利用家庭环境的优势进行思想政治教育，并运用大数据技术，可以有效提升学生的思想政治素养。利用大数据技术，高校和家庭可以开展合作，共同促进学生思想政治教育工作顺利进行。此外，通过学校与家庭的共同参与，也能监督和引导学生的思维和行为。学校和家庭可以通过紧密合作和互相支持来保持沟通畅通，以便了解学生的情况和看法，促进三方之间积极的互动。高校可以利用家庭思政教育网络，鼓励家庭在学生的思想政治教育中积极参与，强调家长对教育的信任，尊重学生个性成长，推动学生自主发展。在日常生活中，家庭教育与学生思想政治教育活动的结合，需要通过相互联系来实现，充分发挥家庭教育中情感教育的作用，让家庭了解和评价学生的学业情况、学习能力、兴趣爱好、社会交友和行为习惯等，以便及早发现问题并采取行动，以引导学生培养正确的思维模式和价值观，塑造他们在日常生活中的良好行为习惯，推动学习、思考和实践的创新。

（三）培育大学生的大数据自主意识

学生是思想政治教育的主要接受者，培养学生的大数据意识，对提高学生的自主学习能力和学习效果有十分重要的意义。在培养学生大数据意识之前，教育者要意识到思想政治教育的基本原则是以人为本，在开展思想政治教育工作时，必须考虑到学生的实际情况，把学生作为进行一切工作的出发点和落脚点。在运用大数据技术的过程中，高校必须充分尊重和保护学生的利益不受侵犯，尊重学生的隐私权、知情权等基本权利。学生对大数据自主性的认识，强调的是理性看待问题的发展，而不是事事用数据说话，以绝对的理性主义和冷酷的态度对待事物和他人，要依靠真实可靠的数据作出明智的决策。运用大数据的目的是促进学生自由发展。学生是大数据的使用者，教会学生使用大数据不是一蹴而就的事情，需要对其进行长期的培养和教育。作为大数据的使用者，学生应积极主动地利用大数据技术使自身的价值充分地发挥出来，并在此基础上突破自我，利用大数据技术发现问题、解决问题，在不断思考中实现创新。

三、构建教育新理念，创新教育新模式

（一）构建大数据思想政治教育新理念

在开展思想政治教育时，高校应该运用"大数据+思政"教学模式，利用大数据技术来建立创新的思想政治教育理念。秉持党的思想政治教育工作原则，高校应把培养德才兼备的人才视为教育的首要任务，与社会主义核心价值观紧密结合，致力于推动中华民族实现伟大复兴。高校应注重融合新时代思想教育理论和实践，利用大数据技术支持社会主义核心价值观的传播和实践。借助大数据发展所倡导的观念，各高校正在探索一种新的思想政治教育方法，这种教育方法以数据为主要依据。通过记录学生的日常活动、网络行为、软件使用、消费习惯、喜好等信息，教师可以熟悉学生的日常表现，定期审查数据，提升学生对信息的敏感度，帮助他们有能力且自觉地利用数据的价值，对数据进行二次开发与利用，推行以学生为重心的思政教育，促进学生进行自我评估。通过管理数据平台并对危险数据传播进行明确预警，高校能够及时识别问题并采取必要措施加以解决。另外，高校可以教授学生有关网络安全方面的知识和技巧，以帮助他们在网络上作出合理行为并确保信息安全；高校还可以通过实时监测网络舆论和数据平台的方式，分析学生所面临的真实问题，以便及时采取行动并有效地引导学生参与健康校园网络环境的建设。

（二）创新搭建网络教育课程体系

通过进行创意性的战略规划，高校建立全新的网络教学课程结构，具体包括建立数据支撑系统、配备专业学科教师、整合资源、及时评估学习效果等。高校需要使用一组全面的数据衡量标准并对其进行深入分析，以构建这个课程框架，即通过对学校设备、资源、地方政策与特色、教师能力以及学生个人数据等进行数据分析，以实现合理的利用。高校在融合现代技术和传统教育优点的基础上，

研发新的教学方式、内容、流程和评估方法,将高校思想政治教育的各种资源纳入网络教育体系中,使高校中的不同部门能真正做到互联互通,使高校全体师生和管理人员都具备大数据意识,做到全员数据化发展。高校积极推进校园网络文明建设,比如借助校园建筑、文化展示区、横幅、电子显示屏等进行宣传;通过学校官方社交媒体账号、微信公众号和受欢迎的在线直播平台等渠道开展宣传活动;组织校园文化活动等。

同时,高校可以利用大数据平台和大数据技术,定期向学生推送网络热点和正面新闻,组织学生讨论这些热点问题,引导学生探讨交流、发表自己的意见。高校要拓展学生对于大数据网络防范安全知识的学习渠道,不定期考核学生对这些知识的熟练掌握程度,实现对学生的及时监督和指导,共同促进网络文明建设。

(三)加强运用大数据的师资队伍与专家团队建设

目前,大数据在学生思想政治教育领域的应用仍在积极尝试和探索阶段。大数据专家教师和团队正在尝试利用大数据分析技术进行大学生思想政治教育,这种方法与传统思想政治教育工作者的做法有显著差异。在这一领域里,从事思政教育的教师需要丰富的实践经验,还要具备数据分析能力,以便能迅速识别和解决问题,从而培养出杰出的大数据专家教师和团队。在利用大数据进行思想政治教育时,思想政治教育工作者应时刻学习最新的大数据技术,并与专家团队合作,以丰富自身的知识储备。高校通过科学研究的方法,基于专家数据建立高水平且个性化的思想政治教育团队。教师通过收集具体数据和定量定性数据来监督学生的行为和思维,评估他们的个人发展过程,以激励他们实现更好的发展,提高他们的道德素养水平。学校工作人员和专家团队在引导学生接受各种思想政治教育主题的实践体验方面扮演了至关重要的角色,他们可通过社会实践活动中的演讲和信息传达,以及利用社会实践基地模拟真实生活场景来实现这一目标。同时,借助大数据模拟技术,教育者帮助学生感受到实际生活中可能面临的挑战,寻找应对方法,提高学生解决问题的能力,通过经验分享和反馈,实现学生之间的相互支持与帮助,从而达到提高学生思想政治素养的目标,将个人进步转化为集体进步。

四、创新大数据技术应用的综合机制

（一）优化大数据管理机制，规范数据运用途径

为了更有效地利用大数据开展思想政治教育工作，高校需要构建健全的大数据管理机制。如果大数据管理体系不完善，可能会引发数据被滥用、数据伪造和数据泄露等风险，给信息安全带来威胁。高校在采集、管理、传输以及使用大数据的过程中，必须以遵守各项规章制度为前提，还应为数据的使用提供明确的说明，包括数据采集制度、存储制度、处理制度、安全制度和责任制度等。高校应规范数据使用流程、渠道和方式，使数据收集者和使用者的行为都受到一定的制度规范。完善大数据管理机制，可以参考以下两项措施。

第一，对所有数据进行自动定期备份，派遣专家对所收集的数据进行完善和归档，系统管理员按照固定时间范围对特殊数据信息进行采集和归档，确保信息采集完整，多方协同合作确保数据的实效性。

第二，采取有效措施使高校的大数据管理机制更加健全，由于大数据应用于思想政治教育重在提升学生的思想境界，高校大数据管理应以学生的主动发展为导向，充分发挥高校思想政治教育立德树人的重要作用，使高校成为学生接受思政教育的"第一责任人"。高校成立思想政治工作研讨会和思想政治工作管理团队，更好地为学生的思想政治教育和培养提供支持。

（二）优化大数据保护机制，提高个人信息保护意识

大数据保护机制是确保个人数据安全和整个网络环境安全的重要信息保护屏障，完善的大数据保护机制可以在个人信息安全和网络信息安全方面发挥重要作用。数据保密级别可以根据学生自身的意愿进行设定，通过信息保密等级和申请权限等方式进行数据保护，管理员和学生可以共同授权，形成两道保护屏障。高校在申请权限时也可以分级，层层递进，这意味着初级管理员可以向高一级的管理员申请权限，而申请的理由应该是合理的，并且是以学生为中心开展的数据操作。在申请访问数据时，教师和教育管理人员需要签署保密协议，还需要征得学生的同意，获得学生的授权，在允许访问学生信息和数据的情况下读取信息。这样做的目的一方面可以使学生意识到自己的权利是受到了充分的尊重的，另一方

面还可以增强学生的信息安全和信息保护意识，提升数据运用和安全防范能力。另外，数据管理人员，尤其是大数据平台的管理人员，必须有迅速应对问题的能力，一旦发现信息泄露问题或者是平台的漏洞，不能仅仅发出危险警告，而是要积极调动资源，快速应对网络攻击和病毒感染等紧急情况，确保学生的所有数据有足够的安全保障。大数据管理人员需要建立高质量的记录和备份副本，并为敏感数据建立安全通道。同时，高校需要提高学生对个人数据保护重要性的认识，明确所承担的义务和责任，明确个人数据的使用目的，确保信息使用安全。

（三）优化大数据监察机制，增强国家网络安全保障

建立健全的大数据监察机制是运用大数据开展大学生思想政治教育工作的有效保障。进行大数据监察是为了让所有用户体验到更加良好的网络环境，规范网络用户的各项行为。政府和高校应建立完善的大数据监察机制。政府及相关部门要做好相互协调和监督工作，引进创新网络安全技术，完善监察管理制度，通过立法强化有关部门的监察权力，成立专门的大数据教育监察部门对大数据的运行进行合理调控和综合执法，不断探索新的政策职能和行政管理资源，防止数据泄露和独断专行的情况发生，确保监察机制的有效性。有关部门应明确规定数据权限、研究范围、使用准则和失责惩处等方面的规章制度，依照制度办事。在思想政治教育大数据运用中，高校应有效对思想政治教育部门和教师对学生数据的收集和使用进行监察，观察和控制大数据侵犯学生隐私和自由的风险，公开数据来源和统计方法，确保数据的可靠性和有效性。完善大数据的监察机制还应加强网络安全建设，要想从根源上解决大数据监察过程中出现的问题，就必须持续在提高国家网络安全保障能力方面作出努力，防范数据风险的发生。

（四）优化大数据评价机制，增强大数据综合评价

高校利用大数据技术进行学生思想政治教育的评估和指导是一种有效的方式。高校需要进一步改进大数据评价机制，以创造适用于各高校地区特点和实际状况的一系列评估准则。这些准则需涵盖学生思政教育、思政师资培训、大数据系统使用以及数据有效应用等方面的评估。评价机制应该综合考量学生在多个方面的表现，而不应只看学习成绩来评估思想政治教育的效果。在思想政治教育过

程中，运用大数据评价机制公布成绩，让学生们相互交流，积极反馈，还可以让学生分享经验和数据，通过互动竞争培养创新精神和竞争意识，让学生们相互支持，共同发展。同时，高校要认识到仅靠技术无法制定明确的评价标准，也无法仅依靠一方的评判标准对学生信息进行评价，因此，在建立数据评价机制时，高校应综合考虑各方意见，确保大数据评价机制的合理性和适度性，最终助力学生思想政治教育工作的开展。这必须是一个不断调整和深化大数据运用、实现科学进步与提升的过程。

第三章 新媒体对高校思想政治教育的影响

本章对新媒体对高校思想政治教育的影响进行了阐述,主要包括三个方面的内容,分别是新媒体给大学生学习方式带来的新变化、新媒体对高校思想政治教育环境的影响、新媒体对高校思想政治教育工作者的影响。

第一节 新媒体给大学生学习方式带来的新变化

新媒体视域下大学生思想政治教育路径建设应该从两方面入手:第一,利用新媒体平台建设新路径如微课、慕课、翻转课堂等;第二,在建设新路径时也不应该对传统的思想政治教育路径不假思索地全部抛弃,而是要将二者有机结合起来,取其精华,去其糟粕,在传统教学路径中添加新媒体教学方式,使传统路径更加优化。

一、新媒体给大学生学习方式带来的积极变化

(一)新媒体给大学生提供了全新的自主学习模式

在微信、手机短信、微博、网络论坛等充斥人们生活的新媒体时代背景下,学生可以在任何时间、任何地点、任何条件下进行自主学习,越来越多的自主学习媒体正在为学生更好、更便捷地学习创造条件。在这些媒体中,基于新媒体的人际互动交流界面可以让学生在学习过程中找到乐趣,在互动界面的影响下,学生可以发现自己的局限性,找到正确的学习方向,真正做到自主学习。

(二)新媒体为大学生自主学习拓展了更多的学习资源

新媒体技术的发展是以先进的信息技术为基础的,在网络和先进技术的作用

下，新媒体可以为学生自主学习提供更多的资源，可以加强各类教育信息的交流，促进信息在更大范围内的传播。在庞大的信息系统的作用下，政府和高校应创建完善的网络系统，为学生提供丰富的学习资源和自主研究的机会，创建广阔而丰富的信息源、学习理论和实践平台。

（三）新媒体工具可以实现有效的移动学习

现代教育的发展方向在于促使个体树立终身学习的观念。让学生的学习能够超越时间和空间的限制，已经成为教育界亟须关注和解决的重要问题。学生通过利用手机、微博等移动通信设备进行互动交流，所获得的信息可以被视为学生自主学习的一部分。学生因新媒体的兴起而变得更愿意学习，他们可以按照个人兴趣选择学习内容，随时随地实现有效的移动学习。

（四）新媒体增强大学生的协商能力，扩大交互协作

个人协商主要指人们对输入的信息进行识别、分析、综合、记忆等智力活动，通过新媒体工具，学习者可以获得丰富的信息资源，学生在学习过程中逐渐提高协商能力。个人协商发生在大脑内部，是无法直接观察到的隐性过程，但是可以通过对使用新媒体学习前后的效果看出个人协商能力的变化。如利用新媒体工具进行播放文本材料，随着播放速度的加快，学习者的阅读速度明显提高。

二、新媒体给大学生学习方式带来的消极变化

（一）忽略了传统课堂学习的重要性

移动互联网和新媒体使课程资源变得更加丰富且易于获取，越来越多的学生热衷于网络课程的学习。相比之下，他们对传统课堂的学习提不起兴趣，缺课、迟到、早退等现象时有发生。这一方面不利于正常教学进程的开展，不利于教师的教学工作，影响学生的学习效果；另一方面也会使教师感觉到不被学生尊重，不利于建立良好的师生关系。此外，移动互联网与新媒体课程对学生的自我管理能力要求较高，大部分学生的自我管理能力较差，而新媒体课程又无人监督。如果学生不能充分利用移动互联网和新媒体课程，加之不重视传统教学，长此以往他们在学业方面将会一无所成。

(二)忽略了自身发展的综合性

科技的发展往往会给人们带来双重影响,基于互联网的新媒体课程对于教师和学生来说也是一把双刃剑。大学在一定意义上来说就是一个小社会,学生更应该在这种环境中锻炼自己的自主学习能力和社会实践能力。移动互联网和新媒体下,人与人的互动交流能力全面提升,网络课程能让学生享受在家学习的便利,但是却也忽视了学生综合能力的提升。例如,微信学习平台的语音交流功能可以让性格内向的学生暂时避免在众人面前发言,但这种"便利"却使学生错过了提升自己的机会。

第二节 新媒体对高校思想政治教育环境的影响

高校思想政治教育环境是由社会环境、文化环境和技术环境构成的。这是因为,在推进高校思想政治教育的过程中,社会环境起着制约作用,文化环境起着补充作用,技术环境起着支撑作用,它们对思想政治教育能否顺利进行,都起着极为重要的作用。与以往相比,新媒体时代高校思想政治的社会环境、文化环境和技术环境正在发生重大变化。

一、社会环境的开放性与负面信息的增多

(一)社会空间"无屏障"

新媒体为高校思想政治教育工作开辟了新领域和新空间。数字技术、计算机网络技术和移动通信技术等使新媒体形成了巨大的网络体系,具有资源丰富、信息容量大、传输快捷、交互性强、形式多元、覆盖面广等优势,较之以往任何一种传播技术和交流工具都有根本性跨越。[①]大学生可以利用多媒体技术来进行跨时空交流、传递情感。多媒体这一新的技术领域可以不断丰富思想政治教育内容,使探索的领域范围日益扩大,展现形式更为多元。新媒体使家校联系在一起,通过新媒体手段,家长可以做到随时、随地地了解学生在学校的生活、学习状态,

---

① 刘宁,于基伯,周红肖.新媒体环境下的大学生思想政治教育工作[J].文教资料,2010(26):3.

这样可以使思想政治教育保持一定的连贯性。开展新媒体时代的高校思想政治教育，高校可以借助信息网络平台建立自己的思想政治教育网站，积极利用网站的信息传播空间进行思想政治教育的宣传，对大学生进行卓有成效的思想政治教育。同时，大学生可以借助思想政治教育网站了解政治时事，丰富和提高自己的思想道德素养。

新媒体为高校思想政治教育工作提供了新模式。新媒体时代的教育模式做到了两结合，一是将高校的校园文化与新媒体文化相结合，在发展新媒体技术的同时，促进高校的文化建设，丰富校园文化内容，拓展校园文化内涵，补充校园文化功能；二是将大学生的成长与新媒体文化相结合，不断丰富大学生思想道德素质，促进大学生思维将"现实"与"虚拟"结合，促进思想政治教育与新媒体价值影响的相互协调，在丰富高校思想政治教育内涵的同时，更好地营造健康向上、积极文明的高校文化氛围。

（二）社会舆论同化趋势严重

新媒体技术推动了信息和思想的全球化趋势，但这一趋势是偏向于单向的，而非双向的。在这种单向的社会环境塑造之下，媒体舆论的形势也有了一些改变。在处理大量信息时，特别是在涉及重要话题如国际关系时，学生通常会与社会舆论持相似的态度和观点，这为高校的思想政治教育带来了前所未有的挑战。这是因为在新媒体时代，大学生与新媒体的联系紧密，他们常常接触到垄断媒体发布的舆论，从而可能会受到这些舆论的影响。此外，新媒体资源和技术在西方工业化国家拥有明显的优势，这导致全球舆论传播正逐渐脱离主权国家的控制，掌握在西方发达国家手中。美国在国际互联网的不同领域拥有强大的网络统治地位。在这样的社会背景下，社会舆论会不可避免地被同质化。

（三）开放性与自主性扩大

新媒体时代最主要的特征就是信息环境的开放性。当这种新媒体的开放性与高校思想政治教育相结合时，使得高校思想政治教育变得更加开放，一改传统教育方式和教育模式，使传统的信息渠道单一的状态变得更加多元化。当今社会，新媒体的开放性和自主性使得人们能够多元地表达个人思想，这为思想政治教育的开展提供了新的手段和媒介。随着新媒体的迅猛发展，学生作为传播新文化的先行者，走在了利用新媒体传播信息的最前沿。在新媒体时代，学生有越来越多的机会发出自己的声音，表达自己的看法，这使他们能够在民主平等的思想政治教育中，坚决与社会上的不良事件和作风作斗争，表达自己的政治价值观。

网上思想政治工作坚持网上宣传的主旋律，研究宣传形式的多样化问题，以适应网上思想政治工作的需要，不断改进方式方法，努力增强说服力、影响力和战斗力。思想政治教育工作者要充分利用网络得天独厚的优势，把准时代的脉搏，弘扬时代的主旋律，在新形势下发挥思想政治工作的"服务保证"作用。[1]

借助新媒体技术开展高校思想政治教育活动，发挥现代科学技术和教师的有效作用，对学生进行思想政治教育。在新媒体时代，教师和学生的地位是平等的，这种平等意味着在教育者和受教育者之间可以进行平等的对话，这种教育尊重学习者的主体地位和自主能动性，强调在学习过程中培养他们的自主能动性和创造性。

（四）社会负面信息呈快速增长趋势

在现代社会中，新媒体是一个完全开放的系统，它可以使学生获取信息的途径变得更加多样化，使学生接触到更多更全面的信息，有利于他们用不同的视角看待问题。与此同时，新媒体时代的信息量如此之大，正面和负面的信息掺杂在一起，也使高校思想政治教育面临着巨大的挑战。首先，媒体的多元性、时空的虚拟性、数字化以及媒体中光怪陆离的信息，对于世界观、人生观、价值观尚在形成中的青年学生来说，很容易对他们造成不良的影响。其次，新媒体的高科技本身具有渗透性和客观性，是不以人的意志为转移的。据悉，全球互联网的全部网页中占81%的是英语，其他语种加起来不足20%；国际互联网上访问量最大的100个网站中，有94个在美国境内。[2]当前从国际互联网上可接受的信息来自美国的占80%，来自中国大陆的仅占0.01%。[3]这表明西方发达国家，尤其是美国，通过财务实力、技术领先地位和广泛意识形态的渗透，在互联网信息资源领域占

---

[1] 陈德敏.网络给思想政治教育带来的机遇和挑战[J].科教文汇，2007（04）：30.
[2] 郑志龙，余丽.互联网在国际政治中的"非中性"作用[J].政治学研究，2012（4）：10.
[3] 赵振宇.和而不同：全球化时代的中西方文化传播[J].现代传播：北京广播学院学报，2004（2）：7.

据主导地位。许多高校在进行思想政治教育时，由于缺乏必备的技术工具和管理制度，很可能会受到不良社会信息的干扰。

二、文化环境的形态变革与负面影响

（一）文化环境的变革

新媒体的兴起改变了思想交流的方式，增添了更多元化的形式，对人们的日常行为、习惯和对事物的表达方式产生了影响。网络的普及推动了一种独具特色的语言风格的兴起。网络用语已经成为当前大学文化环境中一种显著的特征。网络语言呈现出与传统纸质媒体截然不同的特点，随着新兴媒体的兴起，它创造出独具特色的语言风格。由于其形式简单、生动活泼，从一开始就受到学生的欢迎，并得到迅速发展。

新媒体为文化消费带来了更多样化的内容。随着信息产业的迅猛发展，媒体消费不再仅仅是传播文化产品或文化消费品的手段，而已经深入人们生活的方方面面，逐渐演变成一种稳定的惯例和行为模式。消费文化在电视等媒体的影响下不断制造出各种符号和图像，使消费者渐渐丧失了对真实世界的感知。

与以往的文化消费相比，新媒体文化消费有了新的特点：受众在进行文化消费时能够更加充分地发挥自主选择性，使新媒体文化消费带有明显的个性化特征；双向性更加明显，信息的传递从单向转向双向互动交流；观众的参与性更加突出，从被动的接受者转变为主动的参与者；新媒体使文化消费变得更加便捷，打破了文化消费的时空局限性，文化消费行为通过新媒体更加频繁、随时随地地进行；异地可视化文化消费、远距离操控文化消费等新行为成了新媒体推动文化消费的重点。

（二）文化环境的重点形态

近几年来，在高校流行的网络游戏、网络文学、网络音乐、网络恶搞和网络事件等形式，在高校大学生群体当中备受欢迎，成为他们追求的主流文化。

网络游戏：也被称为在线游戏或网游，指使用互联网作为传输信息的工具，让游戏玩家可以通过游戏公司提供的服务器和个人设备互相交流，利用游戏客户端软件进行娱乐、社交和沟通的一种多人在线游戏。

网络文学：是指利用互联网展示和传播的新型文学作品，其采用了超文本链接和多媒体形式进行表达，涵盖了文学文本和结合了特定文学元素的网络艺术作品。在网络媒体的影响下，网络文学呈现出了多种形式，互动性强，且具有包容性。因此，它已经成为许多年轻一代亚文化学生群体表达想法和情感的主要方式，并且是年轻人亚文化的主要展示方式。

在线音乐：是指利用互联网、手机网络等途径传播音乐的一种方式，其主要特征是音乐创作、分享和消费都以数字化形式呈现。网络音乐是学生群体展示自我和传达想法的一种有效途径，他们可以利用这个平台表达对社会现实的观点，同时展示他们对人生、社会、爱情和日常生活的理想和追求。

网络恶搞：它是一种挑战现实世界的手段，通过采用新式符号和利用新媒体来建立集体认同。网络恶搞以张扬个性、破坏经典、讽刺社会、瓦解传统为特征，已成为亚文化学生群体反抗主流文化的工具。

网络事件：针对信息系统，攻击者利用系统中的漏洞和配置问题，采取网络或技术手段导致系统异常或潜在破坏。学生亚文化群体对网络事件很感兴趣，经常通过讨论来表达个人观点，他们的话语通常反映了他们的内心价值观。

（三）文化环境的负面影响

长期以来，高校思想政治教育得到主流文化和精英文化的支持，这使得思想政治教育工作得以顺利开展。如今，高校的文化环境发生了很大变化，在网络语言和亚文化氛围的影响下，传统的思想政治教育失去了文化支撑成为必然会出现的一种情况。在新媒体时代，高校思想政治教育顺利进行的一个必要保障就是良好的文化环境，否则，教育变成了单纯的说教，学生学习知识的兴趣丧失，思想政治教育的实效性受到削弱，公共道德难以有效传播。

随着新媒体技术的迅速进步，文化环境在很大程度上重塑了教育者和受教育者之间的互动方式。通过建立更加平等的互动关系，教育者可以更灵活地将正确的世界观、人生观和价值观融入各种网络平台。然而，教育者不能强迫受教育者接受特定的意识形态的灌输。年轻一代在成长过程中通常会通过父母和老师传授的知识和信息来进行传统的学习和知识传承。这些经典的知识传递方式已经随着数字时代的发展而演变。随着新媒体和科技的迅速进步，科技文化已经超越了传统人文文化，成为社会的主导力量。因而，年轻一代富有创意并热衷于学习新事物，已成为塑造新文化的领军者，他们以多种渠道获取知识和信息，而非单单依赖于父母和老师。这也是他们在与父母和老师交流时主要用来获取"反哺"或"话语权利"的方式。这一现象突显了文化的迅速演变，同时也阻碍了道德价值观的传承。由于年轻一代更注重个性化发展，缺乏传统道德观念的传承，这一系列原因导致道德文化的传承面临挑战。

三、技术环境的变化与因此造成的负面影响

（一）高校思想政治教育的技术环境的改变

新媒体在高校思想政治教育中的广泛应用，使得教育的技术环境产生了很大变化，主要表现为以下三个特点。

1. 信息传播呈海量化特点

传统媒体信息量小、关注面窄、获取信息的方式相对简单，而新媒体依靠高科技形成的网络系统，范围广、领域全，不仅承载和传播的信息量巨大，而且信息更新的速度也比传统媒体快得多。在新媒体时代，教育工作者只要掌握必要的技能，就可以自由获取广泛的信息源。

如今，在信息海量化传播的技术环境下，高校思想政治教育实现了根本性的飞跃，彻底颠覆了传统的思想政治的教育环境。与以往所使用的传统媒介不同，学生可以不受时间、空间的限制，使用新媒体来获取所需要的知识和信息，与此同时，思想政治教育信息的传播效率得到大幅提升。高校思想政治教育工作者可以利用音频、图像等丰富多彩的表现形式，生动活泼地展现思想政治教育的内容，可以不受复杂程序和烦琐制度等的限制快速地将思想政治教育信息传递给受教育者，这使得思想政治教育的及时性和辐射力得到进一步提升，同时也大大拓宽了思想政治教育的渠道和手段。

2. 教育平台呈多样化特点

与新媒体技术相比，高校传统的思想政治教育主要通过课堂教育来开展，这种教育手段呈现出单一性的特点。而新媒体技术的出现可以使思想政治教育工作

者利用更加多样化的教育平台对学生开展思政教育。

在新媒体时代，新媒体技术对教育产生了不可估量的影响，掌握了新媒体技术的高校思想政治教育工作者，可以通过各种新媒体技术手段将文字、声音、图像、数据进行整合，使教育思路更加具有融合性、同步性、互动性、形象性，使高校思想政治教育更加具有生动性、艺术性、亲和力。换句话说，新媒体的诞生和广泛应用为高校思想政治教育创造了绝佳的技术条件，不仅使传统的思想政治教育平台多样化、立体化，而且大大提高了思想教育信息和资讯的传播速度，提高了信息的清晰度和感染力。

3. 人际关系呈虚拟化特点

在新媒体时代，新媒体技术的广泛应用使现实生活中的任何人都可以成为传播媒介，他们既是信息的发送者，也是信息的受众群体。由于发送者和受众者的角色在很大程度上是虚拟的，双方在进行信息交流时，他们的身份也都是由未知的符号来代替的，这就使得新媒体信息更加复杂，不确定性也更强，人际关系也极具虚拟性。

新媒体技术可以为众多思想政治教育工作者提供更加多样化、更加便捷的教育手段，使他们能够利用新媒体技术获取学生最真实的想法，通过分析、讨论学生们在学习、生活中出现的若干问题，从而达到启智、教书、育人的目的，这是传统思想政治教育无法达成的效果。

（二）高校思想政治教育技术环境的负面影响

新媒体为高校思想政治教育创造了良好的技术条件，但也产生了负面影响。在新媒体和信息海量传播的时代，大量信息的出现和传播很容易让大众目不暇接、无所适从。尤其是对于尚未有很多社会经验的学生来说，当面对大量信息，包括恶意的想法和负面的观点时，他们往往会被动地接受信息，而不是主动地分析和思考，他们很容易受到不良信息的诱惑而盲目跟从一些并不正确的观点，这对他们的道德信念产生了负面影响，与高校思想政治教育课程所讲授的社会主义基本价值观相悖，导致高校思想政治教育的效果被弱化。

我们如今正处于新媒体时代，新媒体为人们的生活创造出了前所未有的技术环境，正是在这种环境下，以往的高校思想政治教育方式受到了质疑，技术手段模糊了真实存在的世界与虚拟世界之间的界限,"虚拟时空"在一定程度上得以存在,学生往往潜移默化地受到"虚拟时空"的影响,失去理性思考的能力。人际关系的虚拟化使人的身份变成了一连串的符号,每个人都可以随意使用不同的姓名、性别和年龄与他人交流,久而久之使得人际关系也发生了微妙的变化。与此同时,互联网缺乏真正的道德和法律监管,很容易使人们混淆是非观念,使人们受到"虚拟时空"的各种诱惑去做在现实生活中不敢尝试的事情。当前,高校思想政治教育还没有跟上新媒体技术发展的步伐,在教育理念、教育政策和教育目标等方面依旧缺乏有前景的研究。

另外,新媒体技术为传统教育方式增添了更多元化的内容,然而也使网络管理变得更加复杂。学生群体通常使用手机上网,手机网络的快速发展导致了手机和互联网之间的互动变得更加复杂和难以预测。这导致网络监管机构更难以追溯信息来源并验证信息的准确性,进而加深了大学生在思想政治教育中受到舆论导向问题的影响。这在信息管控方面对国家、社会和学校提出了更为严峻的挑战,加强信息管理显得尤为重要。

第三节 新媒体对高校思想政治教育工作者的影响

新媒体除了会对高校大学生的学习、生活、心理等方面产生影响,还会对思想政治教育工作者产生影响,主要体现在下述几个方面。

一、新媒体对高校思想政治教育工作者主体地位的影响

(一)新媒体对高校思想政治教育工作者主导地位的正面影响

长久以来,高校主要通过课堂教学来进行思想政治教育,同时也采用讲座、辩论、心理对话、社会实践等方式辅助教学。随着现代社会的快速发展,这种传统形式的思想政治教育效果日益衰减,已不能满足新媒体时代高校思想政治教育的需求。在主流传播方式普及的当下,新媒体以其快速、灵活等特点,可以帮助提升思想政治教育的影响力。高校思政教育工作者可以充分利用新媒体,实现正面言论的快速传播。

随着新媒体的快速发展，高校思想政治教育工作者在工作中的主导地位越来越明显。

首先，借助新媒体的互动功能，思想政治教育工作者可以及时捕捉到学生观念的变化，并迅速发现学生们关注的热点话题。尤其是可以及时有效地解决学生当中出现的问题，并将其扼杀在萌芽状态。

其次，新媒体信息拥有海量的资源，其中不断涌现出很多新潮语言，思想政治教育工作者可以迅速将其转化为思想政治教育的素材，成为思想政治教育工作者开展教学工作的重要资源。

最后，新媒体具有多样化的形态，有助于思想政治教育工作者自由创新，将具体的文字材料、悠扬的音乐、精美的图形图像相结合的立体文化传播形式融入学生思想政治教育中，激发学生的学习兴趣。

思想政治教育能否取得实效，关键还在于思想政治教育能否成为一个双向系统，实现主体与客体之间的互动与交流。梳理在高校思想政治教育开展过程中总结出的经验与教训，我们发展其中最重要的一条是教育主体与客体之间的不对等，二者之间的对立与分歧，使得他们无法实现互动与沟通。在网络时代，由于网络的特性使得思想政治教育工作者不再表现出高高在上的姿态，而是能够与学生进行平等互动，形成一种全新的互动关系。教师与学生平等互动、和谐相处、相互尊重、密切交流，借助更开放的新媒体环境，教师能更有效地传授思想政治教育的相关知识，增强高校思想政治教育的影响力。

（二）新媒体对高校思想政治教育工作者主导地位的负面影响

新媒体为高校思想政治教育搭建一个主体与客体相互平等的平台创造了有利条件，同时也造成了两种后果：一方面，教育主体由于受到新媒体特有的性质、行政事务和工作时间等制约，在面对众多的信息资源时，并没有及时有效地将其传递给学生，导致教育主体的信息获取速度落后于教育客体，高校思想政治教育工作者的主导地位面临威胁。另一方面，在网络传播的不同观点的影响下，随着信息获取途径的增多，学习者对信息的理解也越来越多元和主动，他们会产生更多的自己的看法和见解，而不是单纯只接受教师所讲解的内容，他们会越来越多地尝试按照自己的想法和是非判断来选择自己认为正确的东西。

在新媒体的影响下，教育工作者在传统思想政治教育过程中的信息优势逐渐被弱化，尤其是当前思想教育工作者对新媒体技术下思想政治教育的新特点、新规律认识不深，导致其有效利用新媒体开展思想政治教育的难度加大，教育工作者在学生思想形成过程中的权威主导地位逐渐被弱化。

在传统媒体主导的社会中，教师的权威地位得以凸显，这主要是两个方面的因素共同作用而形成的。一方面，知识的传播和更新速度相对较慢；另一方面，知识具有一定的封闭性。

在教育领域，教师的权威地位至关重要，他们代表着学校教育的权威性。这使得教师在教学过程中对学生具有显著的影响力，从而激励学生对老师充满信任和尊重。当前教师权威面临很多挑战，包括网络和信息技术的发展、社会转型期价值观念的多元化，教育教学改革的深入、部分教师行为失当影响到教师的职业声望与社会评价等，这使得教师权威呈现出逐渐被淡化，甚至被消解的趋势。[1]

新媒体对高校教师的话语权提出挑战。高校思想政治教育工作者素有"人类灵魂工程师"的称号，在大学生的心目中享有极高的声誉。但是随着社会的发展，信息的不对称性开始减弱。高等教育教师的专业性也开始受到不同程度的挑战。新媒体发展所形成的新的教育环境，使得在传统教育中教师权威受到了挑战，教师权威赖以建立的基础不断被分裂、瓦解。新媒体时代教师的权威性便开始渐渐褪色，沦落到不得不和网络分享权威的境地。新媒体时代使高校思想政治教育双方处于平等发展状态。高校思想政治教育工作者与大学生处于接收信息同一阶层，由于其接受能力低于大学生，甚至在接收信息时处于不利地位。基于这种认识，思想政治教育工作者的地位被撼动，原有的权威性光环褪色。基于此种状况，很多大学生开始怀疑高校教育者的教学能力，从而对高校教育者产生信任危机，出现课堂散乱无序甚至不听讲的状况。

---

[1] 杨红云. 教师权威的现代阐释 [D]. 南京：南京师范大学，2004.

二、新媒体对高校思想政治教育工作者教育模式的影响

（一）新媒体对高校思想政治教育工作者教育模式的正面影响

1. 丰富了高校思想政治教育工作者的教育内容

随着新媒体时代的到来，传统的思想政治教育面临一些挑战，因为信息知识的获取和教育范围有限，加之客观条件的限制，造成传统高校思想政治教育难以充分发挥作用。相比之下，新媒体在高校思想政治教育中的作用得到了极大增强，主要体现在以下四个方面。

第一，随着新媒体信息不断传播，思想政治教育内容得到了更多元化和广泛的拓展，这使得思想政治教育工作者能够在教学中更全面和有效地进行工作。

第二，新媒体的兴起促进了全球信息资源的交流和共享，彻底改变了传统思想政治教育因资源不足和覆盖面有限而面临的困境。

第三，随着新媒体信息传播速度的提升，高校的思想政治教育工作者可以更迅速地定位并筛选适合学生的教育内容，同时能够选择具有历史和教学意义的材料，从而有效地提升思想政治教育工作的效果，满足当前时代对这方面工作的需求。

第四，随着新媒体技术的发展，思想政治教育内容变得更加生动化、多样化。借助新媒体技术，教育者可以将思想政治教育内容用声音、颜色、光线和图像进行展示，将抽象概念具象化，从而激发学生学习兴趣，提升教学效果。

2. 革新了高校思想政治教育工作者的教育方式

新媒体的广泛应用使传统的教育思想政治活动发生了巨大变化，形成了"四个转向"。

（1）转向开放式教育。随着新媒体的普及，教育方式得以拓展，学生们可以通过多种多样的渠道直接获取具体学习内容，从而促进了开放式教育的发展。

（2）转向双向互动式教育。在新媒体时代，新的教育手段实现了教师与受教育者之间的双向互动交流，学生从单向被动接受教育走向双向互动教育，意味着教师在传授知识的同时，自己也在无形中接受教育。

（3）转向启发式教育。在新媒体时代，传统的灌输式教育方法已不再适用

于现代高校思想政治教育，而更倾向于以学生为主导、教师为辅助的创新型教学模式，教师通过启发引导学生的发展。

（4）转向服务式教育。随着新媒体的普及，传统的教学模式已经变得过时，老师只是传授知识，学生只是被动接受的模式已经不再适用。在新媒体时代思想政治教育中，思想政治教育工作者主要担任引导者的职责。教师的引导有助于转变信息传递方式，让学生能够自主选择，而非被迫接受，从而显著增强了教学效果。

3. 拓展了高校思想政治教育工作者的教育方式

事实上，从事高校思想政治教育工作的人员都强烈意识到，传统的思想政治教育手段与新媒体技术相比，教学手段不够丰富，其影响力难以体现，对时代变化的适应性较弱。然而，新媒体使高校思想政治教育的教育资源和教育手段变得丰富多彩。例如，通过最大限度地普及校园"QQ群"，高校思政教育工作者可以在课堂"QQ群"交流中融入思想政治教育的内容，在课堂上也可以开展网络互动信息活动；利用"网络论坛"这一新手段，高校思想政治教育工作者可以突破课堂教学在时间上的局限性，打破传统意义上课堂概念的局限，利用网络论坛传播信息、交流观点、展开辩论、畅所欲言，从而使大学生思想政治教育工作顺利进行。

（二）新媒体对高校思想政治教育工作者教育模式的负面影响

传统的高校思想政治教育主要通过课堂教学，并结合专题讲座、小组讨论和实地参观等互动形式进行。这种学习方法已经深入学生群体，使教师能够迅速领悟学生的真实体验和情感思维的变化，采取对策，提高了思想政治教育的实际效果。新媒体的普及对学生的认知和表达方式造成了影响。新媒体技术的开放性和互动性增加了个体自由表达的机会，同时也使得社会面临着更大的监管难题，给教育带来了更大的挑战。再加上我们缺乏管理经验，大量的信息，不管是合法的还是非法的，健康的还是不健康的，都迅速而轻易地进入学生的生活和学习的方方面面，很多信息直接触及他们的精神世界，并产生负面的、破坏性的影响。传统教育在教育中发挥的隐性作用主要是建立在长期坚持和反复灌输的基础上的，这种快速入侵和直接冲击无疑是对传统教育的严峻挑战，这同时也破坏了高校思想政治教育的"在场有效性"，不利于高校思想政治教育实效性的发挥。

第三章 新媒体对高校思想政治教育的影响

新媒体技术的迅猛发展使人们进入虚拟世界成为可能，实体现实与创造现实在这里融为一体，人们的观念也发生了翻天覆地的变化。在传统社会中，国家媒体一直发挥着主导作用，是传播社会价值观的最重要渠道和手段。然而，随着新媒体的普及，这种主导地位开始面临挑战，新媒体正逐渐成为当前社会信息传播的关键渠道。因为新媒体具有开放、匿名和虚拟性等特点，所以传播的价值观念也呈现出多样性。新媒体除了宣扬进步和正确的价值观外，其中还包含了许多歪曲的内容，有损传统道德观念。这种情况不仅导致了学生价值观的异化，还使高校在进行思想政治教育时难以发挥主导作用，进而增加了教育难度。在高校思想政治教育改革的过渡时期，随着由国家媒体主导而形成的价值观模式日渐弱化，高校现有的思想政治教育引导功能将会受到越来越大的挑战。

高校的思想政治教育是通过思想政治工作者进行的，思想政治工作者的素质直接影响到教育的效果。传统的思想政治教育，教育者处于一种权威的优势地位，一直给大学生一种知识广博的教育者印象。通过这种权威上的优势，思想政治教育工作者得到了受教育者的尊重、信任和支持，这样使得教育活动得以展开。在传统的思想政治教育的过程中，教育者比较容易树立权威。在新媒体时代，高校思想政治教育工作者的这种地位得以终结，教育者的信息优势在逐步丧失，网络的交互性、平等性对思想政治工作者的权威性提出挑战。而且大学生在大学期间的学习能力处于相对较强的时期，学习和接受信息知识的速度比较快，能力比较强，有些话题或信息可能会比高校教育者掌握得更加全面，这导致高校教育者处于相对被动的地位，话语权遭到挑战。新媒体技术的特点就是使人们之间的交互性更强。借助新媒体，大学生不再单方面地接受意识形态和思想的灌输，而是寻求对话和交流。学生可以通过互联网轻松获取各种公开信息和内部信息，以及各种真假信息，而教师有时则处于信息劣势地位。所以在教育过程中，容易出现这样的"荒诞情景"，高校思想政治教育者所说的"新鲜事物"学生早已知道，事物已不再新鲜了。而在大学生之间流行的各种新潮词语对于教育者来说相对陌生，导致高校思想政治教育工作者的受信任和受尊重程度大大降低，这使得思想政治教育工作者面临一个非常尴尬的境地。高校思想政治教育工作者作为高校思想政治教育的主体，有着角色规定和制度安排的话语权，但其话语权随着环境的变化而变化。网络时代，信息的传播途径、信息的多元化特色以及大学生的思想观念和行为方式都在深刻变化,学生在信息传播中的自主权明显增强。高校政治思想教育的话语权不再只为教育者所独有,学生也有了自己的话语权。高校思想政治教育工作者只有与时俱进,采取相适应的策略,才能提升自己的话语权,进而增强大学生思想政治教育的实效性。①

"老办法不管用,新办法不会用"是当今思想政治工作者面临的主要难题。互联网的快速发展,对高校思想政治工作者的素质要求越来越高。作为思想政治教育工作者,我们应该转变教育观念,积极应对网络发展带来的机遇和挑战,顺应时代发展,将网络思想教育与实践教育相结合,发挥二者的互补优势,提高高校思想政治教育的实效性。

新媒体的应用,带来了高校思想政治教育工作方法的革新,它不仅使原有传播方式从单向灌输改变为双向互动交流,增强了思想政治教育的吸引力;而且还突破了教育内容发挥作用的人数、次数限制,极大地增强了思想政治教育的效果。但对高校思想政治教育工作者来说,如何在实践中推动传统方法与新技术的结合,还处于探索阶段。从一些高校思想政治教育网站的冷清局面可以看出:高校对新媒体优势把握不准确,往往造成思想政治教育方法的低效;同样,传统方法与新兴技术结合不当,也不可能很好地发挥新媒体的比较优势。如何主动学习并运用新媒体技术,将传统的思想教育方法现代化,对高校现有的思想政治教育方式方法提出了新的挑战。

高校思想政治教育的主体内容是思想政治教育工作者按照教育部提出的培养要求,通过"灌输式"和"诱导式"的方式使受教育者"被教育"。高校思想政治教育的内容,不仅体现思想政治教育的性质,而且是实现思想政治教育目标与任务的重要保证。②这样形成的教育内容,最大的优势是能够始终保持教育内容与教育目标的一致性和衔接性,缺点是教育内容容易忽视学生的个性和内在需求。在新媒体时代,学生有机会更多地了解和接触新媒体的主流文化和非主流文化。在多元文化的影响下,学生非常喜欢表达自由和言论自由,他们原有的个性心理和精神得到解放,逐渐开始不适应被动地接受既定的道德规范,对墨守成规的习惯提出质疑。

---

① 商懿秀,肖新发.论网络环境下高校思想政治教育话语权的主体及其变化[J].湖北第二师范学院学报,2011(7):4.
② 成媛.思想政治教育学原理[M].上海:上海中医药大学出版社,2007.

三、新媒体对高校思想政治教育工作者工作模式的影响

（一）新媒体对高校思想政治教育工作者工作模式的正面影响

1. 为高校思想政治教育工作建立了新平台

教师与学生之间的相互联系与沟通，为思想政治教育工作者更好地实现教书育人的目标创造了必要条件。在传统的思想政治教育中，教师主要通过班会座谈会、面对面谈话、听取班级骨干汇报等方式了解学生的思想动态，这种手段在具体实施过程中会遇到很多限制性因素，往往因为情况不真实或不能了解问题的要害，使政治教育难以达到实效。通过虚拟平台，学生们可以毫无顾忌地分享他们的内心世界，这有助于高校思政老师更深入地了解学生的思想状况。高校思想政治教育工作者应根据学生的心理需求，为他们提供个性化指导，传达先进的思想文化，充分发挥引导作用，帮助他们树立正确的世界观、人生观和价值观。

2. 为高校思想政治教育工作增加了时效性

新媒体为高校思想政治教育增添了更多元化的传播方式，有助于推动思想政治教育的广泛普及。过去，传统的思想政治教育主要依赖于思政课程和传统媒体，但由于信息传播受到限制，传播速度相对较缓慢。新媒体的优势在于其传播信息时不受天气、时间和地域限制，并且具有快速传播和针对性强的特点。在新媒体时代，人们可以轻松地在家里获取来自全球各地的政治、商业、文化、科技和体育等领域的信息，同时还能在全球范围内分享自己的信息，这种优势使大学生们产生了浓厚的兴趣，新媒体也成为他们获取信息的主要方式。新媒体作为高校思想政治教育的新型媒体，其信息的丰富性、时效性，无疑将提高思想政治教师的执教能力，他们可以通过新媒体手段获取丰富的教学资源，有利于克服传统的课时限制和一些繁琐程序，在更广阔的范围内传播思想文化，更及时地进行思想政治指导和教育。

3. 为高校思想政治教育工作提高了实效性

"所谓思想政治教育的实效性，是指实际的功效或实践的效果，思想政治教育预期目标与结果之间的张力关系，是实践活动结果对于目的是否实现及其实现程度，亦即实际效果问题。"[①] 学生思想政治教育的实效性主要体现在两个方面：

---

① 葛喜平. 高校德育过程实效性低的理性分析与对策研究[J]. 学术交流，2004（9）：168-172.

一是思想政治教育的内在效果,即学生能够顺利掌握思想政治教育的内容,并以此来发展和完善自己的人格;二是思想政治教育的外在效果,即通过对学生进行思想政治教育,从而提高他们的思想道德修养,以善行影响社会,为营造良好的社会氛围和促进整个社会的进步作出自己的贡献,其目的尤其在于正面积极地影响整个社会。思想政治教育的内在和外在效果相辅相成,但要想取得最佳效果,最为重要的是内化。新媒体信息资源丰富,传播速度快,互动性强,覆盖面广,形式多样化,这为推动思想政治教育实现内在效果提供了契机。

"新媒体丰富的共享资源,为高校思想政治教育工作者开展工作提供了充足的资源;新媒体的快捷性,为高校思想政治教育工作者大规模地、主动地、快速地传播正确的思想、理论和政策提供了方便,避免了信息传递过程中的衰减和失真;新媒体主体的平等性,促进大学生主动参与对话交流,实现了教育者与学生双方的随时互动交流,使教育者和学生之间的互动更广泛、更深入。"[1] 新媒体的特点使得思想政治教育的影响能够扩展至更广泛的领域,不再仅仅限于传统的课堂教学,而是渗透到学习和生活的方方面面,推动了思想政治教育的社会化进程,显著提高了思想政治教育的实效性。

4. 为高校思想政治教育工作增强了渗透性

隐性教育和显性教育是一对相反的概念。隐性教育指的是受教育者在不经意间受到潜在计划和间接社会活动的影响。一般情况下,高校的思想政治教育工作者认为,通过隐性教育的方式,可以"悄无声息"地引导和影响学生的思想、价值观和道德观,常常比采用公开明确的教育手段更为有效,能更好地实现教育目标。高校思想政治教育工作者可以借助新媒体的特性对学生进行隐性教育。高校思想政治教育工作者通过新兴的媒体平台,如博客、微博、网络论坛、聊天室和游戏等,巧妙地将思想政治教育融入日常生活,将教育元素渗透其中,悄然影响学生的思想,从而实现思想政治教育的目标。

(二)新媒体对高校思想政治教育工作者工作模式的负面影响

1. 增加了工作的复杂性

新媒体使高校思想政治教育工作面临着前所未有的挑战。首先,鱼龙混杂的

---

[1] 段志英. 新媒体环境下大学生思想政治教育拓展研究[J]. 长春理工大学学报,2012,25(3):3.

"信息洪流"所承载的海量信息被学生迅速吸收,而当前的大学生涉世未深,还正处于世界观、人生观、价值观的形成时期,他们对信息没有很强的辨别能力,因此很容易在信息的海洋中迷失方向,失去自我。要帮助学生明辨是非、走出迷局并非易事,这必然使思想政治教育工作者的工作更加复杂化。其次,新媒体传播的"无屏障性"使得高校难以完全掌控校园网络。当前,网络上频繁出现虚假信息和流言蜚语,同时一些违法行为如侵犯个人隐私的问题也经常发生。尽管监管机构已经采取行动制止这种行为,但有害信息仍在网络上蔓延。网络上的这些不良信息很容易吸引学生的注意力,导致了不良信息的传播。最后,新媒体传播的隐蔽性导致了不良人格的发展和网络犯罪的增加。一些学生在网络上放纵地表达情绪,他们随意展示自己的不满,批评社会、学校以及周围的人和事,因而引发了"网络愤青"和"网络暴力"现象的出现,使思想政治教育的有效开展更加困难。

2. 增加了工作创新性的要求

新媒体技术含量高,技术更新速度快,新的应用方式不断涌现,这就要求高校思想政治教育工作者的工作要更加具有创新性。当前,很多高校思想政治教育工作者还在利用较为传统的思想政治教育手段,不了解新媒体的运作方式,不适应新媒体的话语表达,不具备运用新媒体的能力等,受到这一系列因素的影响,使得高校思想政治教育难以发挥出应有的作用。然而,高校思想政治教育已经进入新媒体时代,积极应对新媒体时代出现的新挑战,利用思想政治网络教育导向顺应时代潮流,是教育者调整心态与时俱进、更新方法理念更好地利用新媒体实施大学生思想政治教育的必由之路。

3. 降低工作的针对性

新媒体的"匿名性"特点使得学生可以在网上敞开心扉,展示自己的真实情感。这使得高校思想政治教师更容易掌握大学生的思想动向,同时,这也伴随着一些问题的产生,例如,这种"匿名性"的表达使教师无法准确锁定发言的特定对象,相应地,也就无法有针对性地开展思想政治教育工作。因此,高校思想政治教育负责人应迫切解决如何使高校思想政治教育从内容到方法都符合新媒体时代发展要求的问题。

4. 提高了工作的难度

新媒体的出现及广泛应用，使公民在信息传播中占据主动地位。在新媒体时代，新媒体用户不再只是单向的接收信息者，他们还可以作为"自媒体"独立地创作和传播内容。新媒体传播意味着某种"无序性"的产生，它导致了现代社会产生风险的概率大大增加。新媒体造成的"无序性"使一些学生的不道德行为在虚拟网络上蔓延，这不利于学生的身心健康成长。新媒体技术影响下的人们较少地受到社会规范的约束，这种无序不仅使高校思想政治教育管理复杂化，也给高校思想政治教育工作增加了难度。

第四章　新媒体视域下大学生思想政治教育中的媒介素养

本章对新媒体视域下大学生思想政治教育中的媒介素养进行了研究，主要包括四个方面的内容，分别是国内媒介素养教育的现状分析、国外媒介素养教育的经验和启示、新媒体视域下媒介素养提升的紧迫性、新媒体视域下媒介素养的培养路径。

第一节　国内媒介素养教育的现状分析

一、国内媒介素养教育面临的主要问题

（一）对媒介素养教育的宏观认识不足

随着信息、科技的不断发展，当代大学生的综合素养也有了不小的提高，而且他们对媒介也已经有了一定的认识，比如，对大众传媒的内容、范畴、商业属性等都有了一定的了解。大多数学生还能认识到媒介内容反映了他们的生活和文化，媒介在一定程度上影响着人们的观点、思想和知识结构。但这并不意味着大学生对媒介及其传播内容已经具备了正确的判断力和高度的警惕性，他们往往会在媒介传播内容中受到其价值观等较深层次方面的影响。接触大量信息的学生特别容易受到误导和负面影响，因为媒介传播的信息总是鱼龙混杂，他们无法对这些信息及其传播方式进行充分的分析和评价，只能被动地接收信息。

然而，对于媒介素养教育课程的开设，一类学生表现出十分认真、积极的态度，但这种态度也只是对自己感兴趣的部分而已，该类学生明显对媒介素养教育

缺乏宏观上的认知，同时也不能认识到公民素养其实是包括媒介素养的。另外一类学生则对媒介素养教育不抱有任何兴趣，他们学习媒介素养课程，也只是为了不挂科而已，对其内容并不是很关注。

部分大学生对媒体素养重要性的认识不足，因此他们对这门课程的学习态度不认真，收获不大，学生的态度在某种程度上也影响了教师的授课态度，从而导致了中国媒介素养教育的实施效果不好的问题。

（二）对不良信息的筛选能力欠缺

从深层次来讲，观点评论和新闻报道有着天壤之别，可以说，这是两种截然不同的信息传播方式，各有特点。新闻的最终目的是及时、客观地向公众通报事件，客观性是其最重要的特点。相比之下，评论的目的是向读者提供反映评论者观点的事件视角，具有很强的主观性。当代的信息传播往往将新闻报道和观点评论两种信息传播形式结合在一起，容易使公众产生混淆，影响受众对事物的判断，如果他们没有一定的甄别不良信息的能力，他们就很容易被误导，作出不合理的消费行为或其他不良行为，损害自己的利益。

（三）网络道德与法律意识相对淡薄

相关调查数据显示，我国部分学生对网络道德规范认知比较模糊。除此之外，他们对网络知识产权、网络安全等方面的了解更是不多。网络媒介自身具有的匿名属性致使部分学生缺少自律和自控的能力，在媒介融合过程中出现的竞争致使部分信息开始变得娱乐化、商业化、低俗化，一些极具诱惑力且不良的信息直接刺激着大学生的享乐欲和占有欲，从而导致了一些违反网络道德甚至是法律法规的情况的出现。

二、国内媒介素养教育缺失的原因分析

（一）理性认识与媒介素养教育滞后

1. 对媒介素养认识不清或认识深度不够

就目前而言，我国大多数高校都没有开设媒介素养教育课程，而那些开设媒介素养教育课程的学校，大多都只针对专业学生。大部分高校的学生都没有受过

较为系统的、专业的媒介素养教育，因此，他们并不了解媒介、媒介的特点以及性质的具体内涵，缺乏对媒介教育必要性的理性认知。因此，他们很难在受到信息化巨浪袭击时做出理性、正确的判断。

2. 一些大学生不愿意接受媒介素养教育

部分学生对媒介素养的重要性是持肯定态度的，但这并不意味着他们会主动地去进行学习，而且他们通常觉得自己没有学习媒介素养的必要。我们来剖析一下该类学生的想法，他们往往会觉得自己已经拥有了媒介的知识，所以不会积极、主动去学习媒介素养知识。更不用提那些持否定态度的大学生了。

还有一个较为主要的原因，即一些大学生的个人表现欲望比较强，而新媒体能够为他们提供展现自己的平台，所以他们开始追求"虚拟表现"，久而久之，这会使他们陷入现实的人际关系危机中，过度的自我膨胀感使他们认为自己没有专门学习媒介素养的需要。

（二）教育保障体系不完善

1. 有关部门投资不足

造成大学生媒介素养教育缺失的主要原因在于资金投入不足、政府政策扶持不够、教育部门管理缺位。目前为止，国家在媒介教育设备、媒介教育教材、媒介师资培训等方面的资金投入力度不强。

2. 教育专门机构配置不足

没有专门的教育机构作为坚实的后盾，教育便不能顺利开展。专门的教育机构可以推动学生的媒介素养教育朝着制度化、规范化、常态化方向发展，同时也能够有效提升教育质量。然而，目前我国政府并没有设立专门的教育机构对学生媒介素养教育进行统一的规范化管理。此外，我国高校中也没有专门从事学生媒介素养教育的教育机构。换言之，目前我国高校的媒介素养教育实践仍处于一个没有秩序、分散、缺乏统一管理的状态。

3. 教育环境保障不足

我国媒介素养教育还处于刚刚起步阶段，相关部门对媒介管理的疏漏及责任的逃避造成了教育保障的缺失，这与媒介素养教育环境的恶化和外部动力的降低直接相关，使媒介素养教育面临极大的挑战。

由此可见，国家和有关部门分别从技术和法律两个方面加强媒介环境管理工作，净化传媒环境，从质与量两方面加强学生媒介素养教育资源建设，是保证学生媒介素养教育效果的重要外部条件。

（三）培养大学生媒介素养的教育者总体缺位

1. 可以进行媒介素养知识教授的师资力量严重不足

目前，我国高校媒介素养教育教师这方面是比较欠缺的，即便是个别高校有该类教师，他们也并非专业型的教师，大多是凭借自己的兴趣、爱好或热情来担任媒介素养教师的。很明显，这种情况与现如今飞速发展的媒介社会是不相协调的。当前，我国教育者自身的媒介专业素养和实践水平不足，他们往往不能满足当前大学生媒介素养教育迫切性的需要。

2. 我国还没有统一的媒介教育课程标准

我国目前针对媒介素养教育的素材是很少的，与之相关的辅导书更是少之又少。从国外来看，澳大利亚政府积极举办全国性教师组织之"澳大利亚教师媒体"，规定每隔一段时间都需要由各个州的成员轮流组织并主持一次全国性会议，在会议上对媒介素养教育中的各种问题进行研究、探讨并进行相关经验的交流。英国也设立了全国性质的媒介素养教育工作小组，该组织会定期到各个大学开展媒介素养教育教师的培训工作。

3. 很多高校对媒介素养教育的重要性认识不足

我国现阶段的媒介素养教育内容比较单一且不够深入，只有个别大学开设了媒介素养教育课程，更不用说学科的媒介理论训练以及指导了。造成这种情况的原因是高校没有从思想政治的角度给予其重视。且不说没有开设课程的高校居多，即便是那些个别开设媒介素养教育的高校，其授课形式以及内容也是过于简单，教师大多是给学生一套评判准则，让他们自己进行分析，然后进行选择，但是，由于大学生没有对媒介素养进行较为深入的了解，再加上个人经验不足，他们往往会出现认知偏差。这也是导致大学生媒介素养教育缺失的重要原因之一。

第二节 国外媒介素养教育的经验和启示

一、国外学校媒介素养教育的经验

（一）加拿大学校媒介素养教育的经验

加拿大，一个身处北美洲的大国，是一个媒介素养教育十分普及的国家。早在 1999 年，加拿大各省便开设了独立的媒介素养课程，与此同时，还建立了诸多相关研究机构，并定期举办一些学术研讨会和交流会。

通过跨学科教育来实现媒介素养教学是加拿大媒介素养教育的主要特点，换言之，就是将媒介教育理念与学校课程理念结合起来。目前，媒介素养教育已经被加拿大各省整合成学校语言课程的一部分，也就是说，他们将媒介素养教育整合成了学校核心课程的一部分。除此之外，他们还试图，并已经开始尝试将部分媒介素养相关的内容与其他学科课程进行融合。

（二）美国学校媒介素养教育的经验

美国目前的媒介素养教育内容已经被纳入学校的教学大纲之中。较强的针对性和系统性是其在课程设计上的特点。其主要表现在，将媒介素养的主题和内容进行了划分，划分的依据是学生的年龄段，即儿童阶段—初中阶段—高中阶段—成人阶段 4 个阶段。

儿童阶段：该阶段主要针对幼儿和小学生制订。主要对他们区分媒体与现实的能力进行培养，使他们了解各种媒体之间的区别，并能对自己的媒介使用情况进行初步的管理。

初中阶段：该阶段主要是帮助学生对媒体中与他们直接相关的内容进行分辨与评价，消除他们对媒体的恐惧感，使他们的身心能够健康成长。

高中阶段：该阶段的侧重点在于对学生批判性的解读与应用媒体能力的培养。在教育内容上也进行了适当的扩充。学校既培养学生辨别媒体信息背后所体现的真正意识形态的能力，又使其懂得如何正确管理和评估个人媒介行为，让他们学习如何利用媒体促进个人的成长和进步。

成人阶段：该阶段与之前的3个阶段相比较为特殊，属于媒介素养教育的最后一个阶段。从时间上来看，该阶段也是一个时间较长的教育阶段，属于终身教育。它要求人们能够站在宏观的角度去看待和考虑整个媒介的生态环境，即从政治、经济、法律、社会、文化、意识形态多重维度展开对传媒产业的分析。除此之外，美国在该阶段还设置了让学生自己学习和参与制作传媒产品的课程。

（三）日本学校媒介素养教育的经验

日本的媒介素养教育始于20世纪60年代，日本是亚洲第一个引入这种教育的国家。在最初阶段，日本的学校推行电影和电视评析等的"屏幕教育"，其主要目的是帮助儿童了解大众传播的特点，使他们能够更有效地利用媒介进行交流，用正确的态度看待大众传播。

20世纪70年代中期，日本国内又相继开展了类似"儿童与公民电视论坛"等的民间团体活动，并通过筹办该类活动对媒介素养教育进行推广。除此之外，日本还为国内从事相关教育和研究的人士提供了加拿大安大略省实施的《媒介素养教育方法指南》的日文版资料，以便研究人员进行研究。

自20世纪80年代以来，电子游戏、电视和漫画的迅速发展使青少年接触报纸和书籍等书面媒体的机会大大减少，导致青少年的阅读能力下降，除此之外，报纸行业也面临着巨大的危机。为此，日本报业协会决定率先在课堂上推广"NE"运动，力图提高报纸在青少年中的影响力，但由于种种原因，该活动并没有产生理想的效果。

日本还在部分地区的高中实施了"媒介识读工程"，该工程主要针对一些对媒介感兴趣的人。为使学生的综合素质得到提高，日本在中、小学中开设了"综合学习课"，教学内容由任课教师自主决定，部分教师会选择媒介素养的课程内容来进行简要的讲解。一些民间组织、媒体教育学者和记者团体也为教师举办专门讲座，并鼓励教师开展媒体素养教育。

二、国外学校媒介素养教育的启示

（一）政府需要在学校媒介素养教育中有所作为

通过对国外学校媒介素养教育进行的分析可以得出，国家政府的支持是确保学校媒介素养教育能够顺利进行的前提条件。从加拿大、美国等国家的做法来看，政府应积极将媒介素养教育列入学校教学体系当中，并使其成为学校素质教育内容中不可忽视的一个重要组成部分。

政府应制定和完善相关法律法规，努力为高校媒介素养教育创造一个良好的社会环境。教育部门应积极编写适合我国现阶段媒介素养教育的教科书和其他相关教材，并定期举办教师培训活动。

（二）增强学校媒介素养教育的师资队伍建设

通过对国外一些发达国家所开展的媒介素养教育的分析可以得出，政府是媒介素养教育开展的坚实后盾，而教师在学校媒介素养中起着主导作用。因此，加强媒介素养教育师资队伍建设是十分重要的。同时，提升教师的媒介素养也是至关重要的，因为只有教师具备了专业的媒介素养，才能更好地将媒介知识教授给学生。

学校可以通过观摩交流、课题研究、研讨会等多种形式开展媒介素养教师培训活动，提高教师的媒介素养和教学能力，培养符合高校需要的媒体素养教师。

（三）注重对学校媒介素养教育的理论与本土化探索

虽然我们需要去借鉴一些国外高校媒介素养教育方面的成功经验，但我们还要考虑我国高校现阶段各方面的具体情况，以及我国学生与国外高校生之间存在的各种差异。比如，国外一些学生大都是从小学开始接受媒介素养方面的教育的，但是我国小学并没有开设这样的课程，我国大学生在进入大学之前都没有接触过媒介素质教育方面的知识。因此，在借鉴别国成功经验的同时，我们还需要将起点差异问题列入考虑范围。

只有将上述这些因素与我国高校现状相结合，找到适合我国高校媒介素养教育的方式、方法，才能使我国高校媒介素养教育顺利开展、实施并发展下去。

第三节　新媒体视域下媒介素养提升的紧迫性

一、媒介素养提升在客观方面的紧迫性

（一）拓展大学生思想政治教育功能的需要

1. 精神层面的拓展

基于新媒体环境的媒介素养教育具有正确引导学生的政治行为和调节社会的精神生产，拓展知识的精神层面的功能，而媒介素养教育的前提，必须以马克思主义和社会主义核心价值体系为基本指导思想。特别是在当今社会，各种媒介信息日益复杂多样，有必要引导学生用正确的观点看待新事物。除此之外，教师和学生还需要保持高度的自觉性和警惕性，坚决抵制那些与马克思主义意识形态相悖的、隐藏于媒介信息之中的不良思想。坚守自己的信仰，保证自己不被娱乐化媒介击垮。与此同时，大学生还需要以传播我国法律规范、道德观念以及社会主义政治思想来确定自己的政治方向，正确选择和对待媒介所传递的关于西方的意识和文化，积极和谐地参加社会政治生活。

2. 经济层面的拓展

基于新媒体环境的媒介素养，在促进社会经济发展、学生理性消费等方面拓展了经济功能。它在某种程度上为经济发展创造了和谐的社会环境，特别是那些利用媒介崛起的电子商务等。在高素质员工的管理下，媒体信息产业提高了自身的经济效益。除此之外，它还促进了社会生产力的发展以及社会物质文明的建设等。良好的媒介素养教育教会大学生如何在色彩斑斓的广告宣传下进行正确的网络购物，不攀比、不盲目消费等。与此同时，市场主体在利用正确网络载体进行创业的过程中，还可以通过利用媒介商业信息来进行正确的投资，从而对社会经济的和谐发展起到间接推动作用。

3. 文化层面的拓展

在文化传播层面来看，媒介素养引导学生进行文化选择和交流等，在一定程度上拓展了文化功能。从某种角度看，高校对大学生进行思想政治教育就是在向他们传递正确的伦理观念和社会主流政治文化。因此，我们可以看出，当今的媒

介教育是通过媒介文化来推动伦理观念的社会化和个人的政治化的。

媒介素养教育使大学生通过媒介心理素质教育和媒介道德教育等方式来提高其媒介素养，最终形成一种与社会主义核心价值体系要求相符的思想道德品质。当今社会是以媒介文化为主导的，将社会主流文化及思想传递给学生，并在网络文化、视觉文化等各种社会思潮中形成一种顺应社会发展需求的新型文化，教育者要正确对待这种新型文化并积极参与其发展过程中，教育学生以批判和反思的态度对待媒介文化，过滤低级文化，重构文化本身，以创造一个健康、积极和文明的文化环境。

（二）彰显大学生思想政治教育价值的需要

1. 理论价值的彰显

由于我国对高校媒介素养教育的研究起步较晚，一直以来高校媒介素养教育的各个方面都还不够成熟，部分具体的实践问题成了该领域学术研究的一道屏障，考察调研资料的大量缺失直接导致了人们对我国高校媒介素养教育基本状况了解不多情况的出现。但从21世纪起，我国高校媒介素养教育的研究在一定程度上取得了较快发展，逐渐将之前该研究领域出现的屏障剔除，并填补了该研究领域的空白，为大学生思想政治教育的研究以及发展提供了新的途径和思路。我们要把握住时代的脉搏，积极探索并掌握高校教师及学生的思想动态和行为规律，及时发现高校媒介素养教育目前所存在的问题，并找出相应的解决方法。不仅如此，媒介素养教育还使大学生思想政治教育内容变得更为丰富。由此不难看出，作为思想政治教育的新领域，媒介素养教育具有相当高的理论价值。

2. 实践价值的彰显

我国党和政府历来高度重视高校思想政治教育工作，对大学生思想政治教育中的一系列问题给予了高度关注。媒介素养教育是思想政治教育的一个新课题，在当今中国，大学生媒介素养教育已经有了实际的应用，制订出了较为完善的措施和方案等。

以我国上海的复旦大学为例，该校早在2007年上半年就成立了媒介素养研究小组，小组由本校的学生（志愿者）组成。他们建立了国内第一个媒介素养研究网站，在该网站上开设了国内首个"媒介素养研究专栏"，并在特定时间向国内以及国外相关学者发布媒介素养教育的最新研究成果；中国传媒大学紧随其后，于 2009 年建立了研究生媒介素养实践教学基地，这无疑为相关专家以及学者创造了有利的研究条件，为顺利开展大学生思想政治教育活动做了铺垫，充分体现出大学生思想政治教育在实践方面的价值。

（三）作为新媒体环境下高校思想政治教育的新主题

1. 作为大学生思想政治教育与时俱进的表现

随着社会经济、科技的不断发展，现代生活中的媒介文化环境也在发生着翻天覆地的变化。比如说，人们之前主要利用广播电视和报刊书籍类传统媒介作为获取信息的工具，而近些年来，人们逐渐开始并频繁使用手机、网络等新媒体文化工具来获取自己想要的信息。简单来讲，当代新媒体文化传播媒介平台已经取代了传统媒介，成功晋升为新时代文化传播的主角。

在这样一个新的环境背景下，高校的思想政治教育理念也应该随之做出一些改变，做到与时俱进，以便适应社会的需求。当然我们也可以理解为，媒体素养教育的发展是大学生思想政治教育与时代发展的体现。考虑到当前的社会文化以及当代媒介的巨大变化，高校应提高学生在当前媒介环境中的信息传播、使用水平和能力，根据现阶段的实际情况来展开媒介素养教育。

当代数字网络媒介具有这样一个十分显著的特点，即受教育者经历的高标准被解除。也就是说，当代数字媒介使人们摆脱了单纯语言文字的束缚，使人们以本能进行多渠道交流，就像回到了原始社会的自然状态一般。如此便捷、高效的多媒体技术和网络传播方式，使大多数大学生愿意将自己的想法以视频、图片、音频等方式通过电子媒介展现出来，比如微视频、动态图、网文等；且他们在进行表达以及交流的过程中是快乐的、主动的，尤其是得到交流同伴的认可时，更是有一种满足感由心而生。

一方面，媒介素养教育能够在一定程度上引导大学生正确理解和运用新媒介资源，并利用这些新媒介所具备的创新性和交互性将个人的才能充分展示出来，使受教育者能够在一种愉悦、自然的媒介活动环境中激发出自身的创造才能和动力，能够很自然地在交流中实现全面提高素质的目的。

另一方面，基于新媒体环境的信息传播形态更加多样化、传播速度更加迅速、传播内容更加丰富。尤其是一部分新型传播形态的崛起（微博、微信等），迅速受到了大学生的青睐,以至于他们与媒体的接触更为密切,依赖性更强。这种情况的出现,要求大学生思想政治教育工作作出相应的创新和完善。

由于人们受到先入为主以及长时间传统思想观念的影响,出现在人们意识中的所谓的思想政治理论课,只包括政治教育、道德教育、思想教育和法制教育,并没有考虑加入一些新的教育内容。这种陈旧的观念与时代的发展趋势是不协调的,而且对思想政治教育实效的增强是极为不利的。所以,广大教育者应该解放自己的思想,适应时代的变化,根据实际情况来决定是否应该添加新的媒介素养教育内容,使媒介素养教育得到良好的发展,同时促进大学生思想政治教育的发展。

2. 作为满足新媒体环境要求的必备素质

随着新媒体技术的迅速发展,媒介形态发生了翻天覆地的变化,电子媒介、互动媒介、网络媒介、印刷媒介等多元化形式几乎同时问世,并以空前的速度融入人们的生活之中,影响着人们的生活。

我们生活在一个由新媒体"拟态"的环境中,新媒体着实为人们带来了一场视觉、听觉盛宴,但同时也带来了诸多问题与挑战。适量的信息资源能够帮助人们了解当今社会,并能够更好地适应周围环境;但若是信息量爆棚,就会引起一些不良的后果。要知道,被多种媒介包围的人们同时面临信息匮乏和信息爆炸这两种负面效应。基于此,大学生思想政治教育主体与客体的媒介素养便有了用武之地,即具备对信息的理性思辨能力,使其不会在各类信息之中迷失方向。

由此不难看出,在新媒体环境下,大学生思想政治教育整体的必备素质是媒介素养。大学生思想政治教育整体素养的发展离不开媒介素养,但媒介素养需要后天的培养和学习才能拥有。所以说,在新媒体环境下提高媒介素养是十分紧迫的。

3. 作为大学生思想政治教育可持续发展的基础

从发展的角度来看,未来的社会将会是学习型社会,而"学习"是大学生素质得以不断发展的不竭源泉。信息全球化在未来社会中驱使着人们进行终身学习。终身学习能够使人们在一个较漫长的过程中发掘并发挥出自己的潜能,并使人们有权利、有意愿去获得他们所需要的全部知识与技能。

当代媒介,尤其是互联网,在很大程度上塑造了现代信息社会,这是不争的事实。在这样的媒介环境中，如何才能让学生理性、恰当地培养利用媒介文化的能力并使其不断提升自身的综合素质是一个亟待解决的问题。加强媒介素养教育已势在必行，教会学生如何学习成为一种新的理念。

作为一个高素质的群体，当代大学生必须不断充实自己，提高自己的综合素质，才能跟上时代发展的潮流。要想不断充实自己，提高自身的综合素质，就需要加强学生的媒介素养教育。在新媒体教育顺利开展的今天，学生能够利用各种信息来源和不同的技术提高自己全面发展的能力。言外之意，要想使大学生顺利提高各方面素质，提高大学生在新媒体环境中的学习能力是一个有效途径，而且此过程还能推动素质教育向前迈进。

4.作为大学生思想政治教育的新目标

通过对受教育者进行思想政治教育使其在行为上和思想上达到期望的效果，这便是思想政治教育的根本目标。那么，大学生思想政治教育的主要目标是什么呢？其主要以思想道德建设为基础，着眼于大学生的实际需求，使大学生的方方面面都能有所提高，特别是大学生的思想道德水平，最终使其成为中国特色社会主义的合格接班人和建设者。

但值得注意的是，随着科技的飞速发展，随之而来的新媒体媒介已悄无声息地成了人们生活、学习、工作中的必需品。大学生在通过新媒介获取一些所需信息时，其思想观念和价值取向都受到了不同程度的影响，媒介素养教育被视为当前思想政治教育的新要求和新目标。

（四）增强新媒体环境下大学生思想政治教育的有效措施

从宏观的角度看，当代大学生思想政治工作的整体发展态势是健康的、积极向上的。但不容忽视的是，在市场经济和对外开放的条件下，大学生的成长环境面临着越来越多的复杂性和不确定性因素。毫无疑问，新媒体、新技术的迅速发展和普及，对学生的学习、生活和思想产生了重大影响。特别是手机、互联网等交互性强、可多点传输、信息流量大、管理更复杂的通讯传输媒体和平台的迅速兴起，为学生提供了新的学习、互动和娱乐的机会。这些媒介可谓是把双刃剑，对大学生既有正面影响，又有负面影响。正面影响会使学生积极向上，负面影响则会导致不好的结果。有些大学生甚至存在政治信仰动摇、社会责任感缺失以及价值观扭曲等问题，因此，教育者需要对其进行较为具体的精神引领以及正确的人生指导。由此可见，大学生媒介素养教育已迫在眉睫。

二、媒介素养提升在内在需要的紧迫性

（一）增强媒介素养教育是减少新媒体负面影响的需要

1. 给受众生理健康带来的影响

过度的噪声和强光对听觉、视觉感官的刺激及电磁方面的污染会诱发多种疾病。据相关调查统计，目前被认定与新媒体有关的疾病有 50 余种，比如厌食症、孤独症、近视、痉挛、睡眠障碍等。长时间沉湎于网络中的大学生往往有听力和视力降低、体能下降、缺乏求知欲和耐心等问题。

2. 负面价值观念侵蚀精神家园

从非理性发展来看，部分大学生对新媒介的依赖程度极高，他们甚至认为媒介就是权威。但在大众媒介作品之中，我们不能保证每一个作品都不带有唯利是图、享乐主义、拜金主义等诸如此类的消极价值观念，而具有这种消极价值观念的作品，它们会悄无声息地侵蚀大学生脆弱的精神家园。比如在市场中，常常会出现一部分带有消极示范的广告，这些示范往往使人们的正常心态变得扭曲，长此以往，便会导致各种不良社会行为的出现。新媒介凭借其特有的"欲望的模仿"机制重塑社会消费行为，引领社会时尚。而社会消费又制约和影响着大学生的个人消费观，导致出现高消费、互相攀比乃至超前消费等倾向，从而带来一系列社会问题。

3. 造成发达国家文化霸权局面的形成

发达国家凭借自身的媒介优势对第三世界国家进行更广泛的文化渗透、文化统治和微妙的意识形态影响，这是文化帝国主义的本质。在当今的文化传播环境中，各种信息呈现爆炸式增长的态势，技术先进的国家是信息的主要传播者，而在信息传播过程中处于被动的、劣势地位的则是那些传播技术相对不发达的国家。这种差异导致了强势文化开始入侵和攻击弱势文化，迫使后者被动接受可能不适合其本民族和文化传统生存和发展的文化形式和生活方式，导致发达国家文化霸权的形成，加剧了文化的不平等和差异性。

4. 暴力、色情信息对社会的负面影响

近些年来，世界各国间的媒介竞争不断升温加剧，为了获得较高的收视率，商家就要想办法来激起观众的消费欲望。如此一来，包含暴力以及色情信息的媒介作品便成了大众媒介的附属品。这对部分意志薄弱的大学生而言无疑是一个巨大的陷阱，甚至有一部分大学生因为模仿媒介中的暴力行为而走上犯罪的道路。

（二）增强媒介素养教育是满足大学生心理需求的需要

1. 休闲娱乐需要

休闲娱乐是人类用来释放压力、放松心情的一种方式，这种方式凌驾于生存和安全等基本生理需求之上，是一种精神需求。高校大学生正处于一个较为特殊的时期，他们刚刚结束了枯燥和压力相对较大的高考阶段，同时也刚刚脱离了父母，此时的生存和安全压力不会太大，因此会对娱乐需求产生更加强烈的欲望。

2. 心理交往需要

在马斯洛（美国社会心理学家）的层级需求理论中，其对交往需求是这样定义的，即从生理向心理深入的需要形式。

高校大学生有来自好奇心和所处成长环境的压力，这种压力促使他们对外部世界充满无限的遐想和渴望，他们希望通过自己的努力得到他人的认同与关爱。而互联网恰恰为大学生提供了一个这样的虚拟平台，不需要与人面对面，只需要一台电脑、少量的经济支出，他们就可以与电脑中的"朋友"进行自由的交流。又因为网络具备隐匿性和虚拟性，所以他们不必担心自己的真实信息被暴露，这使大学生更加大胆地进行交流。这也是大学生喜欢上网的原因之一。

3. 自由与逃避需要

现实生活中，由于学业和就业压力较大，部分学生会感到约束、身心疲惫，于是便会选择用上网的方式来逃避一些压力或问题。比如，当他们在同学那儿受到委屈或是受到他人批评的时候，就很有可能去网吧，通过聊天或是打游戏的方式使自己的情绪得到宣泄。

4. 成就与自我价值实现需要

个体尊重需求是成就需求的源头。通常情况下，人们大都希望得到他人的认可和尊重，并希望获得他人对自己能力的肯定。这种尊重需求得到满足后，会使人充满实现自身价值的强烈喜悦感。

大学生对自我价值的实现充满了渴望，但在日常生活中，他们往往需要付出很多，才能实现自我价值。换言之，与虚拟的网络世界相比，现实中想要实现自我价值，要比在网络世界中更难一些，所以才会有部分学生到网络游戏世界中寻求精神上的满足感。

（三）增强媒介素养教育有效适应新媒体环境多元文化的需要

全球化时代的到来，意味着各国之间的联系更加密切，而这种密切联系使各国之间的文化产生了一系列融合与碰撞。说起文化，文化多元化是当今世界的主要文化特征，并对世界各国的社会、政治、经济和日常生活产生了重大影响，甚至对未来社会的发展也发挥着必不可少的作用。当今时代，多种渠道都可以促进全球文化的引进和输出，但经过长时间的实践证明，大众传媒的信息传播最为便捷。

文化多元化促进了不同文化的交流与融合，但也导致了相互之间的碰撞和冲突。西方的文化正试图通过媒介对发展中国家实施进一步的文化影响。这种文化影响对于尚不成熟的大学生而言是极其可怕的，虽然在某种意义上它能够让大学生增长见识与知识，但同时也会侵蚀大学生的价值观、道德观以及思想意识。部分大学生因盲目崇拜西方文化，从而使自身价值观受到了西方意识形态的消极影响。

然而，媒介素养教育的实施就是抵御各种文化不良影响的最好武器，它能帮助大学生正确对待、分析媒体传播的各种信息、去伪存真。不仅如此，它还能将中国的优秀文化顺利传播出去。

第四节　新媒体视域下媒介素养的培养路径

一、建立完善科学的媒介素养教育工作机制

（一）应建立高校各部门之间的协调工作制度

"大学生是新媒体的积极使用者，但由于网络信息的良莠不齐，存在着很多

不安全因素，新兴媒体的存在对大学生的媒介素养提出了更高的要求。"[1]高校需要对媒介素养教育加以重视，并在此基础上把它作为一个"育人工程"来对待。由高校领导牵头，建立起一个集教务处、宣传部、团委、学工处等各部门于一体的工作领导小组，统一计划、布置、实施相关工作，将媒介素养教育充分融入思想政治教育之中。

除此之外，高校应配备专门人员，并准备充足的教学经费，保证在教学过程中能够提供充足的人力、物力和财力，使媒介素养教育能够顺利进行。相关工作人员在对该教学内容进行充分调研之后，根据学生各方面的实际情况做好各项细节工作。高校应建立并不断完善媒介素养教育保障机制，结合高校以及学生的各方面实际情况制定相关制度，保证媒介素养教育有计划地展开并进行，定期对该计划进行检查和评估。

（二）应构建系统、完善的媒介素养教育体系

高校媒介素养教育是一项较为复杂的系统化工程，因此，需要将社会各界的教育资源进行有效的整合，并在此基础上建立一个健全的教育机制，争取构建一个集家庭、高校、社会以及大学生个人于一体的教育体系，将教育力量发挥到极致。

在高校开展大学生媒介素养教育的同时，社会和家庭也在大学生媒介素养教育中发挥着不可估量的作用。培养学生积极乐观的态度，塑造坚强的品格离不开优良的媒体环境的建设，它可以对学生进行正向的引导。家长是孩子的第一任老师，在学生的媒介素养教育中，家庭起着十分关键的作用。高等院校应重视学生的媒介素养教育，认真就学生出现的各项问题与家长展开沟通与交流，在全校、全社会创造一个良好的媒介环境，助力大学生健康成长。

（三）有关教育部门应注重培养大学生的媒介素养

1. 建立相关教育机构

加强对高校大学生媒介素养的培养是我国教育部门需要重视的工作。相关教育部门要建立更多的媒介教育机构，全面提高我国公民的媒介素养，积极普及媒

---

[1] 郑艳，郭俊良，贾艺涵，等. 新媒体视阈下大学生媒介素养的培养策略 [J]. 新媒体研究，2017，3（10）：3.

介教育理论知识，制订完善的大学生媒介教育实施计划，使大学生媒介素养教育顺利进行。

2.增加对媒介素养教育的投资力度

国家相关部门应加大对媒介素养教育的资金投入力度，逐渐完善相关设施设备建设，促进师资队伍媒介素养水平的提高，为大学生媒介素养教育工作创造良好的外部环境和各项条件，以确保媒介素养教育工作的顺利进行。

3.进行专家级相关活动

有关教育部门应积极吸纳专家学者对媒介素养教育的研究见解和观点，加强与相关领域的交流，充分发挥媒介素养教育引领思想政治教育和文化发展的作用。

二、提升高校思政教育工作者的媒介素养

（一）增强媒介素养教育师资队伍培训

因高校急于培养出大量符合媒介素养教育相关岗位需求的教师，并在短时间内组建一支优质的媒介素养教育师资队伍，所以创新师资培养的方式显得格外重要。

一方面，高校把需要培训的教师选送出去，对他们采取封闭式岗位进修、培训方式，并把这种培训作为促进教师专业发展的一部分；另一方面，高校每年都对他们进行一次集中培训，并将其纳入相关的岗位考核标准中。同时将该方法转变成一种常态化、制度化的机制，借此使教师的教学理念得到及时更新。

（二）应把专业教育与继续教育相结合

通过采取专业教育与继续教育相结合的方式，培育媒介素养教育师资力量。专业化的师资队伍是媒介素养教育的实施主体，其来源主要是新闻传播院校。我国的新闻传播高等教育基本沿袭美国的教育模式，注重职业化和专业化教育，这为专业化的媒介素养教育师资队伍培育提供了条件。媒介素养教育是针对社会公众的全民性教育，具有鲜明的多层次性、广泛性特点。因此，各层次教育工作者的"全员参与"是实施和推广媒介素养教育的必要条件。新闻传播院校在培养专门师资的同时，还应承担起媒介素养继续教育、提升各层次教育工作者，特别是

中小学教师媒介专业素质的职责,为形成"全员参与""全员教育"的格局提供师资条件。

(三)应有目的性地建立高校教师媒介素养教育内容体系

1. 锻炼大学教师多层次的媒介素养能力

大学教师除了需要对媒介的概念、功能、属性以及使用方法等相关基础性知识进行充分的了解和掌握之外,还需要掌握自身在教育活动中使用较为频繁的基础媒介工具的使用方法。

事物都是具有双面性的,媒介的作用也不例外。因此,教师需要用批判的眼光去看待运用于教学活动过程中的媒介的作用。另外,还要正确认识人与媒介之间主导地位和主动性的区别。

2. 提升大学教师的媒介意识和认知能力

提高教师的媒介意识指提高教师对媒介的特点、作用、性质的敏感度。提高教师的媒介认知能力,指的是将媒介所拥有的创造拟态现实的功能以及其他正面功能进行认知度方面的提高。

(四)应提升大学生思想政治教育工作者的媒介素养

新媒体时代的到来对于教师而言无疑是一个巨大的挑战。教师不但要对所教授课程的内容加以掌握,还需要懂得一些基本的网络技术。因此,加强大学生思想政治教育队伍建设是必然的,也是必需的。大学生思想政治教育者需要适应时代的需求,深入了解大众传媒内容的生产流程和传播特点,尽快掌握一些常用的网络技能,提高自己对媒介信息的评估能力与判断力,并适时掌握一些网络话语,做到不断提升自己的媒介素养。

第五章　新媒体视域下大学生思想政治教育实践

本章阐述了新媒体视域下大学生思想政治教育实践，主要包括五个方面的内容，依次是新媒体视域下大学生理想信念教育实践、新媒体视域下大学生爱国主义教育实践、新媒体视域下大学生道德规范教育实践、新媒体视域下大学生全面发展教育实践、新媒体视域下大学生就业创业教育实践。

第一节　新媒体视域下大学生理想信念教育实践

一、新媒体视域下大学生理想信念教育路径

（一）组建中华民族梦之队的人才教师队伍

教育者具有无可替代的作用，可以塑造人的灵魂、生命。他们的理念和信仰会深深地影响大学生的思想观念，达到耳濡目染的效果。教育者可以从教学内容、创新教学形式两个方面来塑造有力量、有品质的课堂，充分展现课堂的魅力，以此让大学生感受到课堂的吸引力。

1. 教学内容

教育者应该以科学的世界观方法论为基础，对大学生的理想信念进行全面、系统、客观的阐释，使思想政治教育在不同意识形态的教育中独具特色、脱颖而出。在进行理想信念教育时，教育者需兼顾大学生的思想水平和个人价值追求，确保教学内容与现实生活问题相联系，旨在为大学生提供实用指导。同时，教育者应确保理论教学内容和社会实践指导相融合，以达到最佳效果。

2. 教学形式

以下有三种提高课堂教学亲和力的方法，教育者可以尝试。第一个方法是教育者应当探索不同的表达方式。教师在授课过程中，应注重语言表达的技巧，避免过于冗长繁复或使用过多专业术语，尽可能地使用容易理解的语言，以便更好地阐述理论概念，避免让学生感到其过于抽象化。第二个方法是教育者在传授理论知识时需贴近实际，通过巧妙手法让马克思、恩格斯"讲"中国话语，以通俗易懂的话语讲述与大学生兴趣相关的内容。现阶段，许多大学生已经开始关注国际事务，对世界上的重要事件、话题，以及各国与中国的国际政策都表现出极大的兴趣。教师有望将这些热点问题与授课内容结合，让学生更加深入地研究，从而激发他们的求知欲，使课堂内容更加生动有趣。同时教育者应该善用大学生的生活空间，为他们安排去贫困村庄实地考察的机会，这样可以让他们见到更多的世面，坚定他们的奉献精神和报效祖国的信念，并用实际行动来践行这些信念。第三个方法是教育工作者需要改进教学工具，提升媒介技能水平。教育工作者应该改变传统思维方式，参加新媒体技术培训课程，灵活使用新媒体并融入课堂教学中；通过加入短视频、图片等新媒体元素，吸引学生的注意力，并增强互动性，使课堂氛围更加活跃。

（二）借助新媒体快速抢占大学生理想信念教育的圣地

1. 中国共产党要管好用好互联网

中国共产党需要对互联网进行负责任的管理和利用，确保在网络意识形态上拥有主导权，并确保大学生接受正确的理想信念教育。在数字化时代，中国共产党应当预防大学生受到网络意识形态的不利影响。这需要强调在教育领域，党的全面领导必不可少，同时确保中国共产党在高校大学生思想方向上的领导地位稳固不移。中国共产党的首要任务是将教育置于优先发展地位，并通过大力改革的方式促进大学生理想信念教育的进步。这将有利于营造一个清新和谐的政治生态环境，进而构建具有中国特色和风貌的理想信念教育事业。

2. 大学生应主动参加媒介素质教育活动，提高辨别是非的能力

为了让大学生积极参与网络意识形态的抗争，思政课应加入有关提升媒介素质的教学内容。在应对网络上信息质量良莠不齐的情况的时候，大学生需要掌握

新媒体技术并提升自己的思辨与评估能力。通过提升媒介素养，大学生的社会责任感和爱国情感将得到加强，他们将积极调整网络空间，推动良好的新媒体舆论氛围的形成。

（三）革新、完善大学生理想信念教育的模式

1. "小社团"支撑起"大思政"，发挥"小喇叭"的作用

高校要引导社团在校园社团活动中融入国家和学校重要事项，高举中国特色社会主义伟大旗帜，全面贯彻习近平新时代中国特色社会主义思想，塑造独具中国特色的社团品牌，提升其软实力。我们可以利用各个社团的特点，制作简短有力的"三分钟微党课"视频，并在校园内进行党课宣讲；加强理论类社团活动的思想内涵和吸引力，邀请马克思主义学院的教师作为社团辅导员，协助制订具有顶层设计的计划和方案。

2. 应用媒体技术，全面推进大学校园媒体平台传播力建设

需要加大对校园内新媒体平台的硬件设施投资，利用这些平台追踪报道校园活动，并对时政热点进行深入解读，充分发挥网络文化教育的积极作用。我们希望构建一种在线大学教育平台，其特点在于能聚集众多参与方的共同商讨和资源共享，并使大学生积极参与校园网络文化建设并使其成为建设主体。同时，高校和学生要勇敢地发表自己的见解来解决不当言论的问题，以营造健康校园环境。

二、新媒体视域下坚守崇高信仰，坚定文化自信

只有树立文化自信才能真正实现马克思主义的中国风格、中国气派。爱党就必须认同和坚定我党的马克思主义信仰，爱国就必须认同和热爱中华优秀传统文化。因此，新媒体背景下抵制和克服那些负面言论带来的消极影响，做好大学生理想信念教育工作，需要从坚守崇高信仰和坚定文化自信两方面入手。

（一）坚守崇高信仰，建牢思想堤坝

1. 新媒体对大学生信仰世界两方面的影响

牢固树立马克思主义信仰，才能坚定不移脚踏实地去建设中国特色社会主义，牢固树立共产主义信仰，才能不屈不挠意志坚定地去面对暂时的困难和挑战。这是因为马克思主义是科学，它以科学为武器，分析和批判资本主义并以实践为通

路寻找到了实现共产主义的现实力量——无产阶级，因而将共产主义从空想引入到科学的领地。

新媒体背景下，大学生的信仰世界也在经历一系列的变化。一方面，新媒体给大学生的信仰世界带来了积极的更容易吸收的营养和为信仰而努力奋斗的不竭动力；另一方面，新媒体也给大学生的信仰世界带来了阻隔和牵绊。

首先，新媒体所展示的是信息时代的先进生产力，它的普及和广泛应用成为揭示社会主义本质的实践力量。从十一届三中全会开始，我党重新确立了解放思想、实事求是的思想路线。这是在告别过去封闭僵化的老路基础上，开辟出建设中国特色社会主义的道路。可以说，中国特色社会主义命题的提出，把长期以来中国人民对于理想信念的追求建立在了一种更为科学、更为现实的基础上，而不是理想主义的实验和试错。改革开放不仅使我国的生产力水平得到极大的解放和发展，而且也使得综合国力和人民生活水平得到前所未有的提升。当前，中国特色社会主义建设所取得的伟大成就以各种方式呈现在新媒体领域，大学生理所当然成为非常重要的受众群体。

其次，新媒体也给大学生的信仰世界带来了一些消极变化。新媒体在传播正能量的同时，总有一些不负责任者或者别有用心者利用新媒体来煽动是非，否定或动摇中国特色社会主义共同理想和共产主义的伟大信念，从而动摇当代青年大学生的信仰世界。特别是由于理论与实际的某些脱节，个别党员干部丧失了马克思主义的立场和共产主义信仰，社会群众中也存在对远大理想的迷茫。这就使得在校大学生群体中比较普遍地存在着关于理想信念上的困惑。利用新媒体大面积传播一些消极的信息，无疑会给大学生的信仰世界打上深刻的烙印。"在一些人那里，没有庄严、没有崇高、没有神圣，没有令人振奋的歌声，没有信心百倍的面孔。美好的理想，崇高的信仰，庄严的责任，都不见了，而代之以利己主义的庸俗打算，和对金钱享乐的疯狂崇拜，代之以麻木不仁、心灵空虚的精神面貌，和玩世不恭、游戏人生的生活态度。"[①] 当前，在文化发展出现多元化趋势的同时，人们的信仰世界也呈现多样性。这一方面体现了在我国发展中文明和文化多样性的融合，能够使广大青年大学生感受不同文化和文明成果，更多地了解世界；另一方面也给坚定大学生马克思主义信仰的理想信念教育带来了冲击和挑战。在这

---

① 刘建军. 守望信仰[M]. 北京：人民出版社，2013.

种情形下,我们必须明确,信仰是用来坚守的,但同时信仰也是可以用来比较的,即没有比较便没有优劣。马克思主义信仰之所以优越于其他类型的多元化信仰,就在于能够站在全人类的视野来设定理想,它告别了狭隘和偏私,因而能够聚集越来越多"高尚"的思想、智慧和行动。

2. 激活新媒体力量有利于大学生树立牢固信仰

人不可以没有信仰,因为信仰是人安身立命的精神支柱。现实世界当中,人有着各种各样的信仰,有的看重宗教,有的看重名利。历史和现实已经证明,只有马克思主义信仰是着眼于为全人类服务,为人的自由而全面的发展不懈奋斗的,而且它以无产阶级作为现实力量,从而找到了实现共产主义的科学依据。正因为如此,我们说,只有马克思主义信仰是高尚的、科学的。对于大学生而言,就要树立这种高尚的、科学的信仰,不要为个体、小集团、小集体的私利而故步自封,远大的、科学的理想信念教育正是着眼于培养有作为、勇于奋进的青年大学生而设置的。新媒体的普及和广泛应用为理想信念教育工作者提供了更为有效的渠道来逐步坚定大学生的崇高马克思主义信仰。

首先,激活新媒体力量可以带动和影响大学生趋向于崇高的马克思主义信仰。信仰是人的精神寄托,人的心灵的归依。2016年下半年,许多高校思政课老师都在分享一个"读读马原著"的微信公众号。原来,这个公众号开设了一个独特的栏目,叫作"全国思政课教师接力诵读《共产党宣言》"。每一个思政课教师都知道,《共产党宣言》是马克思和恩格斯为共产主义者同盟起草的纲领,是国际共产主义运动的第一个纲领性文献,是马克思主义诞生的标志。《共产党宣言》从1848年2月第一个德文单行本在伦敦出版以来,被翻译成多种文字,指导着世界范围内的共产主义运动,为无产阶级和共产党人认识世界和改造世界提供了强大的思想武器。运用新媒体阵地发起这一活动的初衷便是"为了向起草《共产党宣言》的两位伟人致以崇高的敬意,表达我们深切怀念之情"。这一活动诚邀全国49名思想政治理论课的一线教师,一起携手,接力诵读这一传世名著。在这些思政课教师当中,既有快要退休的老教师,也有年富力强的学者才俊,还有刚刚走上思政课讲台的年轻博士……虽然他们的朗读水平有高低,朗读风格也不相同,可能有的老师在朗读时还会有明显的地方口音,出现些许口误甚至瑕疵,但是,有一点是相同的,大家都是怀着一颗炽热而虔诚的心在读经典、做公益,而且乐在其中。在广大思政课教师的带动、推广和影响下，许许多多的青年大学生都添加了这个微信公众号，他们热衷于聆听思政课老师们在课堂之外各具特色的朗诵，对老师们对于马克思主义饱含的深情感到敬佩，更重要的是他们感受到了马克思主义现实的力量——《共产党宣言》字字句句批判着资本主义的罪恶，字里行间展示着信仰的坚定和未来的美好。

其次，激活新媒体力量有助于在多样化的意识形态领域确立马克思主义信仰的话语权和主导权。马克思主义信仰指出的是大方向，提供的是大平台，因而需要通过对大学生影响较大的新媒体进行潜移默化、润物无声地影响和渗透。学习和研究是大学生的主业，因此大学生在学习过程中，特别是马克思主义理论学习过程中，离不开理论网站提供的丰富资源。目前，"中国共产党思想理论数据库"已经建成了两个频道，一个是理论时空频道，也就是广大青年学生特别喜欢登录的中国理论网，它按照思想理论体系对1万多册书进行了编排。另一个是"日出东方"马克思主义中国化解读中文电子出版物，它按实际形式对多种理论图书进行展示，从而把党的思想理论规模化、系统化、规范化。该数据库上线运行之后，极大地便利了习惯于使用新媒体设备的大学生的学习和研究，同时也便利了广大理论教育工作者的研究和交流，注册用户也在节节攀升。

（二）增加文化自信，夯实人文底蕴

广大青年大学生是即将走上建设中国特色社会主义道路的主力军，增强他们的文化自信，让广大青年大学生成为优秀传统文化激活者、继承者、弘扬者，不仅可以增强理想信念教育内容的丰富性和亲切感，而且可以使理想信念教育更富有中国特色和中国气派。习近平强调，"宣传阐释中国特色，要讲清楚每个国家和民族的历史传统、文化积淀、基本国情不同，其发展道路必然有着自己的特色；讲清楚中华文化积淀着中华民族最深沉的精神追求，是中华民族生生不息、发展壮大的丰厚滋养；讲清楚中华优秀传统文化是中华民族的突出优势，是我们最深厚的文化软实力；讲清楚中国特色社会主义植根于中华文化沃土、反映中国人民意愿、适应中国和时代发展进步要求，有着深厚历史渊源和广泛现实基础。"[①] 这"四个讲清楚"不仅是新形势下宣传思想工作的重要任务之一，同时也是高校大

---

① 习近平谈治国理政[M]. 北京：线装书局，2022.

学生理想信念教育的重要内容之一。新媒体背景下，教育者充分运用大学生擅长使用的新媒体通道进行优秀传统文化传播，实施"四个讲清楚"教育，必定能够取得良好的效果。

1. 应用新媒体把优秀传统文化融入理想信念教育的独特优势

首先，新媒体拓宽了优秀传统文化教育内容的覆盖面和影响力。传统的教学传播模式下，要将优秀传统文化融入大学生理想信念教育的途径往往是课堂、教材、报纸、杂志以及现场观看传统文化演出等。2014年11月1日，国内首个传统文化手机移动传播平台——"中华优秀传统文化教育云"启动仪式在人民大会堂举办。"中华优秀传统文化教育云"是一个基于O2O交互模式建构的文化传承与人格教育的云端服务体系。这一"云服务"平台将整合业内顶尖的终端技术、信息技术、网络云技术和虚拟智能技术，实现传统文化教育的内容保真、精确投放、学习有效、信息安全的目标效果。此外，该平台采用前沿大数据分析技术，在课程结构上首次提出国学经典、汉字训诂和传统艺术三部分组成的标准化课程结构。如"教育云"平台建设是我们在大学生理想信念教育领域的积极探索，各高校还需开发各具特色的传统文化教育"云"平台。

其次，新媒体增强了优秀传统文化教育的互动性和趣味性。尽管当前社会中，人们对传统文化有着不同的看法，但作为实现理想信念的生力军——广大青年大学生——应该有千千万万个理由喜爱、传承优秀传统文化。特别是新媒体的广泛应用，使得大学生们对于经过新媒体传播的一切事物似乎都感兴趣、都很喜欢。想让传统文化真正在青年大学生心中生根发芽，就必须让优秀传统文化变得有趣味性、有吸引力，让那些看似枯燥乏味晦涩难懂的传统文化典籍通过新媒体渠道变得有活力、有生机。目前，广大青年大学生似乎已经离不开电脑、手机、网络的陪伴，他们已然不是在学堂上拿着一本古书跟着先生边摇头边吟诵"之乎者也"的模样，而变成了戴着耳机、拿着手机、揣着平板电脑、遨游网络世界的"潮人"，他们更容易接受的是有活力、有生机、有创意、有意思的传统文化。所以，只有让传统文化迸发出时代的活力、跟上时代发展的步伐，才有可能引起这些"潮人"的关注，引起了关注和兴趣，也就有了传承和发扬的可能。把优秀传统文化跟日益发展的新媒体技术融合起来，把新媒体作为优秀传统文化教育的主阵地，进而实现理想信念教育的有效性是大势所趋，也是形势所迫。

把优秀传统文化以大学生喜闻乐见的方式呈现出来，这应该是迈出传统文化与新媒体融合的第一步。诸如，把传统文化用动漫的形式进行演绎，把传统文化用现代网络语言重新解读，把传统文化做成 APP 放在手机客户端上进行推广，或者是鼓励青年大学生用新媒体方式去传承、留续那些濒临失传、急需保护的传统文化。2014 年暑假，当许多人都在家里吹着空调、吃着西瓜的时候，湖南科技大学的 10 名大学生冒着酷热走进湘西大山深处的农村田园，他们打算将泸溪县的非物质文化遗产"辰河高腔"通过拍摄新媒体视频的形式加以传承，为保护、弘扬中华优秀传统文化尽一份自己的力量，同时也表达他们对新媒体的热爱。"辰河高腔"源于泸溪县浦市镇，形成于清代，在沅江流域一带广为流传，被称为"中国戏剧活化石"。大学生们通过调查发现，当下"辰河高腔"表演面临人才短缺等困境，传承问题令人担忧，于是萌生了拍摄纪录片的想法。10 名大学生给他们的团队起名为"传承的力量"，即传承传统文化的意思。他们希望通过制作短片来向他人传递一种能量，展现传统文化的魅力。"传承的力量"团队除 10 名大学生外，还邀请了学校的相关老师进行指导。大学生们通过深入民间调查发现，泸溪县"辰河高腔"剧团作为泸溪县唯一专业剧团，目前发展与传承面临诸多困惑。口传身授的单一传授方式、资金短缺、老一辈艺术家相继离世及社会变更等，使优秀演员出现断层现象，新一代传承亮出"红灯"。在大学生们拍摄的纪录片里，一块幕布、一张桌子、两张椅子便成了演出"舞台"，三星背景图、被腐蚀的梁柱、青苔石板、红漆方桌呈现出古香古色的传统传承。在这个简易而古香古色"舞台"上，高腔演员们有板有眼、一丝不苟地表演着，作为观众的村民们时而捧腹大笑，时而严肃冷峻。地道的方言、深厚的传统，当地人祖祖辈辈遗留下来的传统文化，尽管粗糙有待于精细打磨，但当地观众们欣赏起来觉得熨帖舒坦。在新媒体背景下，要将我国优秀传统文化融入理想信念教育，需要我们广大教育者跟上时代的节奏，赋予传统文化以不竭的生命力和活力，只有开启"新媒体"模式才能释放出不竭的推动力。这些推动力，使得我们的理想信念教育永葆活力，进而促进中国特色社会主义事业兴旺发达。

2. 运用新媒体将优秀传统文化融入理想信念教育的有效路径

首先，建设新媒体平台，助力大学生树立文化自信。新媒体在理想信念教育中的应用，在很大程度上弥补了传统教育模式下互动性不足的问题。当前，文化网络平台建设对大学生理想信念教育的影响力日益增强。

南开大学研究团队针对部分高校传统文化教育现状进行调研时发现，高校大学生对传统文化的理解更接近传统艺术。其中，书法、戏剧等传统艺术以及与生活接触较紧密的民俗等，更为学生群体所熟知。在新媒体背景下，广大理想信念教育工作者更需要树立互联网思维，积极开发网络文化创新产品，让中华优秀传统文化融入理想信念教育中去。

其次，回归大学生本位，以教育自信促进文化自信。教育者要将优秀传统文化融入大学生理想信念教育，实现传统文化"以文化人"的目的，就要将大学生从新媒体的"绑架"和"奴役"中"解放"出来，使他们成为利用新媒体接受理想信念教育的主导者。应该说，当前大学生生活在新媒体时代，很大一部分精神生活空间被手机、互联网等数字媒体占据，阅读模式也日渐向"短、平、快"发展，对传统经典的阅读兴趣也被快餐化、碎片化、娱乐化的网络文化所消解，大学生对传统文化认知本就不足，缺乏应有的文化自觉性，而文化的多元化也在一定程度上影响着大学生对中华优秀传统文化的接受。拓展中华优秀传统文化融入理想信念课堂教育之中，使之进课堂、进教材，可采用多种渠道。比如，高校可以有针对性地开设优秀传统文化方面的必修课和通识选修课，如《论语》选读""国学概论"等，这是优秀传统文化融入大学教育最惯常的途径，可满足不同学生对优秀传统文化的兴趣。同时，高校可以开设优秀传统文化主题讲座，如儒家文化、道家文化、佛教文化、青铜文化、玉石文化、书法文化等。此外，教师在专业课教学中，还可以发掘学科的文化内涵，找准与中华优秀传统文化的结合点。

理想信念教育的目标不是单纯让学生在知识层面上把握教学内容，更为重要的是要使其真正"入脑、入心"，这样才能产生持久的教育效果，从而最终落实到自觉行动上。而优秀传统文化中的智慧以及前人深邃的思考恰恰是使大学生"动心"的"利器"。以青年大学生喜闻乐见的形式，利用新媒体传播平台辐射和传播，教师可以有效地引导大学生自觉参与到优秀传统文化的学习与弘扬中，提升理想信念教育的实效。

最后，紧扣时政热点问题，以回应关切推动文化自信。大学生群体有朝气，有热情，兴趣异常广泛，对新鲜事物充满期待并且渴望探究事实真相。这就要求教师在将优秀传统文化融入大学生理想信念教育过程中，要有针对性地贴近他们所关心的社会热点和时事政治，对其进行理性分析和正确引导，从而增强他们的内在自觉。事实上，许许多多时事政治事件，其背后都蕴含着丰富的传统文化知识。比如，"实现中华民族伟大复兴的中国梦"这一时政热点问题，其中便包含着对于如何实现"伟大复兴"的深层解读。此外，教育者也可以结合见义勇为、抢险救灾等模范人物和先进事迹的弘扬融入传统文化教育的内容，将传统文化当中对于有使命感、有责任心、立报国之志的劝导和箴言通过新媒体传递给大学生，可以使其更具艺术性和时代特色，切实提高优秀传统文化在理想信念教育中的针对性和感召力。

高校积极利用新媒体的优势，增强大学生的文化自信，激活优秀传统文化，持久深入地推进理想信念教育，有助于增强青年大学生的精神归属感和文化创造力，为社会主义文化强国建设增添新的力量。

第二节　新媒体视域下大学生爱国主义教育实践

一、加强爱国主义教育网站建设和服务保障意识

当前，在新媒体环境中已设立了多个主题鲜明的爱国主义教育网站，如"民族魂""血铸中华""强国社区""中国爱国主义教育网""青少年爱国主义网"等等。这些网站纷纷通过红色影视、红色记忆、红色典藏等相关专题向大学生全面展现了无产阶级老革命家光辉而灿烂的一生，以及他们伟大的人格魅力、优秀品质和爱国事迹。它们利用大量的文字资料、视频影音以及弥足珍贵的历史图片真实呈现了战争年代无数中华儿女为争取民族独立和解放而浴血奋斗、英勇献身的历程。与此同时，高校也在网上设立了爱国主义教育网站，如北京大学的"红旗在线"、杭州电子科技大学的"红色家园"等，都为大学生提供了优秀传统文化和时事政策的学习平台。目前，爱国主义教育网站的建设和发展极不平衡，仍然存在页面单一枯燥、内容呆板严肃、资料陈旧缺乏时代感等问题，导致"红色网站"缺少点击率，"红色信息"缺乏感染力，"红色传播"缺失可信度，严重影响了爱国主义教育网站的生命力，阻碍了新媒体环境下网站的可持续发展。

大学生在上网过程中很少主动自觉地点击、浏览爱国主义教育网站，更多只

为查阅资料、复制信息、应付考试。然而，以美国为代表的西方发达国家，通过新媒体实施爱国主义教育，传播其政治观，往往渗透于社会学、政治学、人文学、经济学、美学等学科之中。在"内容为王"的信息传播时代，爱国主义教育网站内容的丰富性与形式的多样化对于网站的可持续发展具有至关重要的意义。"高校可以通过夯实人文社会科学的基础，挖掘理论宣传的深度和广度，改变教育内容枯燥、形式单调的状态，增加了爱国主义教育网络信息的吸引力和渗透力。"[①]同时，大学生爱国主义教育网站的建设，应与教育内容的时代性、互动性、理论性紧密相连。高校应让最新的时事动态登录红色网站，满足大学生对当前形势与政策的关注；并邀请理论专家针对热点话题开展网上专题讲座，解答大学生的困扰和担忧的难题。心理学认为，对于人类的情感意识的培养，肉体感官所产生的刺激远远比简单的象征性符号更为生动直接，而具体的形象所产生的联想往往比抽象文字更能唤起内心深层次的渴求。因此，红色网站可以利用图文并茂、声色俱全等多种活泼生动的宣传形式，有效地提升信息交流平台的影响力和号召力，吸引青年学生的注意，对大学生实施潜移默化的爱国主义教育。

在新媒体环境下，爱国主义教育网站的建设还需要增强服务保障意识。红色网站作为大学生成长交流的重要平台，不仅要帮助青年学生树立正确的价值观和人生观，还要充分发挥网络载体的育人功能。"在为大学生提供丰富的教育资源和理论学习平台的同时，爱国主义教育网站可以为大学生提供更多关于就业指导、职业规划、情感交流、学习生活、法制教育等方面的帮助，为大学生的全面发展提供助力。"[②]高校在发展革新的同时将爱国主义教育网站打造成一个集信息、服务、教育、功能于一体的传播平台，进一步提升爱国主义教育网站的影响力和号召力。

二、组建爱国主义教育型微博、微信等虚拟社区

新媒体技术的崛起催生了大量的信息传播平台，其中，以微博、微信为代表的新型社交媒体，以"井喷式"的发展速度爆红网络。"目前，已有越来越多的

---

① 胡继红. 新媒体环境下大学生爱国主义教育面临的挑战及应对策略 [J]. 兰州教育学院学报，2011，27（3）：3.
② 施欢欢. 新媒体环境下高校思想政治工作研究 [D]. 上海：复旦大学，2012.

教育机构和教育工作者针对学生的教育而创建微博、微信圈,如'新浪教育''新浪公开课''腾讯高考''腾讯校园'等,在促进教育工作实施方面作出了积极的探索。虽然这类教育型微博、微信的公众账号在青年学生群体里有一定程度的扩散,但并未形成较大规模,影响力甚微。尤其是针对大学生爱国主义教育类的微博、微信鲜少,其知名度、感染力和组织力远远不够。"[1]由于教育工作者管理经验的缺乏和重视程度的缺失,给教育型微博、微信、QQ朋友圈等虚拟社区的组建带来了困难。在新媒体背景下,充分利用虚拟社交平台拓展爱国主义教育的网络新阵地,增强爱国主义教育的实效性刻不容缓。

随着新媒体教育功能在实践应用中得到发掘,高校利用微博、微信交互性强、资源丰富、传播迅速、信息量大、覆盖面广、形式多样的优势可改变教育困境。如鼓励爱国主义教育工作者注册微博、微信账号,通过实名登录账号,以最真实、平等的面貌在虚拟社区中与学生沟通交流,使爱国主义教育融入大学生的日常生活和学习娱乐中。教育者利用网络载体平等交流的互动形式,大大拉近了与青年学生的距离,以此赢得大量学生群体的拥护与信任。与此同时,爱国主义教育工作者还可以通过登录微博、微信、QQ朋友圈等虚拟社区,评论转发革命英烈的爱国事迹,共享传播中华民族的优秀传统。爱国主义教育工作者还可以利用文字图片向大学生展示强国强军形象,增强其民族自信心和自豪感。通过网络直播与名人、专家进行时事热点话题的互动问答,激发大学生的好奇心和求知欲。

新媒体网络虚拟社区由于强调个体的独立传播,在一定程度上弱化了集体的存在感。因此,高校通过开设各个班级、年级、学院的微博、微信公众号,可以有效地增强大学生群体的凝聚力和归属感。高校在公众账号上实现爱国主义教育资源的共享,吸引更多的青年学生评论、转发以及相互交流沟通。高校通过"真实的互动"和"定制的内容"引导微博、微信由娱乐化工具成为学习型工具,并广泛渗透到大学生的日常生活中去,增强其学习的自主性和创造性,使爱国主义教育更具吸引力和感染力。

在新媒体背景下组建爱国主义教育型微博、微信等虚拟社区,还应该注意加强网络信息干预体系。微博、微信为爱国主义教育工作的信息传播和接收提供了

---

[1] 侯桂鸿. 微博对青少年的影响和教育对策分析 [D]. 上海:复旦大学,2012.

有效、便捷的手段，然而，网络世界中大量的危机信息也成为爱国主义教育工作者应该警惕的问题。为了最大程度地降低负面信息对大学生群体的影响，高校可以尝试采取一套行之有效的信息干预体系。一方面，大学辅导员应鼓励学生人人注册微信、微博账号，对学生群体更加关注，利用手机时刻了解青年学生的最新动态。一旦发现朋友圈中有同学发布或者转发不利于社会和谐稳定以及非理性价值观念的信息，应及时给予批评引导教育，为大学生的成长成才以及爱国主义教育的实施营造一个健康和谐的网络舆论氛围。另一方面，对于新媒体网络虚拟社区中突发事件的舆论走向，教育者要时刻保持高度关注，对于谣言的制造者、传播者以及群体事件的组织者应该进行积极引导和有针对性沟通交流。

在互联网信息环境中，应该充分发挥意见领袖的带头领导作用。意见领袖是指在新媒体环境中通常为受众提供大量的信息、思路、意见以及评论，同时对他人的事件态度和价值观念产生影响的"积极分子"，也是二次网络传播的讯息者。大学生微博、微信用户群体通过搜索账号、扫描二维码、朋友圈推荐以及手机"摇一摇"等形式，对教师、同学、朋友和亲戚互加关注，利用新媒体信息交流平台进一步扩宽了人际关系网，丰富了信息发布和接收的渠道。在网上交流互动过程中，粉丝数目多、信息转发量大以及个人感召力强的微信、微博博主在新媒体环境中扮演着意见领袖的角色，充分发挥其强大的舆论导向力和影响力。高校爱国主义教育工作者应该积极培育大学生意见领袖，如通过评选出"校园红人""明星同学""最美教师"等大学生所熟悉的人物，让他们传播具有正能量的信息，提出富有建设性的意见，用人格魅力感染青年学生。教育工作者呼吁大家在微博、微信、QQ朋友圈等虚拟交流社区中营造一个干净健康的舆论环境，积极引导大学生爱国情感和爱国行为的正确表达，帮助青年学生树立坚定的爱国信念，努力作一个合格的爱国主义者。

三、建立专家型爱国主义教育博客，传播权威观点

博客作为一种新型的网络交流形式，其最具魅力的地方就是任何人都可借助其自由表达自己所思所想，反映自己对不同社会热点的各种看法，从而让每个人都拥有说话自由的权利，同时博客还能实现自主的链接功能，这使得人们在发表

言论的同时也可以向众人分享自己所喜欢的音乐、照片乃至视频。同时，博客的版面设计弥补了微博、微信对信息的碎片化处理，使得发文者对问题及观点的阐述更为详尽。

在新媒体环境中，可以通过设立专家型爱国主义教育博客，传播权威观点，评论热点话题，以"疏导相结合"作为其指导理念，不仅要对学生所关注的事实要点进行疏通解惑，更要通过科学的引导，让学生学会以理性、辩证的态度去思考问题和看待事物，懂得如何将马列主义科学观运用到问题的分析与处理上，从而提高自身对网络中不良言论和错误言论的辨识与防备水平。同时，在博文中明确其政治观念、政治态度和政治立场，以榜样示范作用培养大学生的爱国主义精神。高校坚持"以科学的理论武装人，以正确的舆论引导人，以高尚的精神塑造人，以优秀的作品鼓舞人"，引导大学生树立正确的世界观、人生观、价值观，倡导青年学生向革命烈士学习顽强拼搏、艰苦奋斗的精神。在虚拟的网络环境中，教育者可同大学生开展平等的对话交流，这可以使其将爱国教育融入彼此的日常互动中，在潜移默化中抓住网络载体的有利契机加强爱国主义教育。

第三节　新媒体视域下大学生道德规范教育实践

一、重视新媒体下大学生道德主体建设

（一）新媒体环境下大学生的特征

新媒体环境对大学生的思想品德、心理和行为都产生了较大的影响，新媒体环境下大学生表现出一些与以往不同的特点，主要表现为观念的开放性、行为的自主性、身份的匿名性。

观念的开放性。当代的大学生通过QQ、BBS等网络工具可以广泛地交友，自由地发表自己的观点，新媒体的开放性使学生受到多元价值观的影响，形成了较开放的观念。

行为的自主性。现实物理空间中大学生接受教育往往是靠教育者的单向灌输为主，行为受到外部规范的制约，有一定的强制性。新媒体空间的无中心设计，

每个人都是平等的，行为不受任何人的约束。学生具有选择教育内容和是否接受的权利，不受外部强制力量的压制。

身份的匿名性。新媒体的虚拟性使得学生不用担心暴露自己的身份，只要技术可以，自己可以做想做的任何事。外在约束性的降低使得学生面临更多的诱惑，这对学生的道德自律提出了更高的要求。

（二）新媒体环境下大学生主体性道德人格的形成

在新媒体的浪潮下，有着多种不同的价值观，我们没有办法将所有价值观都理解整合在一起，此外，有一些价值观因为道德教育和引导的缺失，可能会导致我们在道德观念方面存在分歧、冲突和混乱。这种情况下，我们很容易迷失在伦理的迷雾中，出现道德观念淡化甚至丧失的情况。有一些缺乏信息资源的国家和民族，他们通常会面临一些其他文化对其优秀传统文化冲击和消解的挑战，这也会使道德冲突和混乱的现象更加突出。我国在信息资源方面并非处于领先地位，在新媒体时代中，面临的道德冲突问题也是很突出的。如果一个人在新媒体环境中容易迷失方向，那是因为这个人还没有强烈的独立自主道德选择和判断的能力。在新媒体时代，德育的重点是培养大学生拥有独立人格、理性道德判断和选择能力，以此强化他们在新媒体环境下的主体性道德人格。

首先，新媒体时代主体性道德人格的主要特征分析。自主性、自律精神和创造性是这个新媒体时代主体性道德人格的主要特征表现。其中，最显著的主体性道德人格特征就是自主性。自主性是指个人能够自主思考，不容易受其他外部因素的影响，而且能够通过独立和理性地思考来制订并实现自己的目标，拥有自由的选择权。在数字化时代，自主能力主要表现为具备自主判断和自主选择的能力。当今大学生面对新媒体中大量琳琅满目的信息，若无法区分其中的真假信息，就可能被海量信息所淹没，同时失去自主判断和选择的能力。自律精神是构成个体道德品格的重要组成部分。这里所说的自律是指道德自我约束，即个体自觉地认同并实践社会道德规范，将顺从他人要求的被动作为自身自愿的自我规范，将外部的道德要求转化为内在的主动行为。在新媒体的互动环境中，人与人相互交流往往是以匿名、虚拟的方式进行的。这种交流方式使得人们更容易采取一些现实中不敢尝试的行为。在新兴媒体领域，秉持"慎独"原则的道德自律尤为关键。展示主体性的道德品格之一是创造力。当人处于道德情境中时，德性显现为能够自主、独立地进行道德思考和判断，并作出适宜的道德抉择，以此体现其道德创造能力。随着新媒体环境的发展，人们面临着许多新的道德难题，有时候传统的规范不能很好地解决这些问题。因此，我们必须根据当前的道德环境，制订适应情况的新道德规范。

其次，新媒体环境下主体性道德人格培养的路径。提升新媒体环境下大学生的道德主体意识、在教育方法上坚持平等对话、重视新媒体环境下社会生活中的价值冲突和学生内心世界价值冲突的教育意义、注重新媒体环境下大学生道德主体的自律等，这些内容都是针对新媒体的传播特点和规律可以采用的培养大学生主体性道德人格的方法和途径。

提升新媒体环境下大学生的道德主体意识。大学生对知识的渴求和对未知事物的探索精神较为强烈，愿意寻求独特和新颖的想法。有时他们对他人的想法持批判态度，这种身心发展的主体性特点有助于培养个人的道德人格。在新媒体的背景下，我们可以为大学生提供更好的自主性保护与引导，允许学生在道德上自由选择，并进一步提升他们的自主性需求。

在教育方法上坚持平等对话。基于对话的教学法侧重于建立师生之间相互尊重、信任与平等的关系，通过言语交流和倾听的方式进行互动交流和沟通。在实际教学中，通过新媒体渠道，我们可以打造一个平等、尊重、信任的师生互动环境，使得教师和学生能够互相倾听、接纳、坦诚相待，在各种交流活动中共同参与、合作，从而共同提高道德品质。

在新媒体环境下，关注社会生活和学生内心世界中的价值冲突，这具有非常重要的教育意义。在现代媒体的环境下，我们面临着各种不同的价值观冲突。因此，我们有责任认识到价值观冲突对学生自主道德判断和选择能力的重要影响，并相应地予以重视。教师应该意识到自己是学生的引导者，指引他们进行各种道德取向和道德规范的区分，并帮助他们认识这些取向和规范对社会的价值。最终，教师的目标是让学生自主地选择，并培养出符合时代要求的道德品质。

注重新媒体环境下大学生道德主体的自律。新媒体环境对道德主体自律提出了迫切要求。马克思曾在《评普鲁士最近的书报检查令》一文中指出"道德的基础是人类精神的自律"。[1] 这是马克思对人类道德的基本精神作出的论断。人的道

---

[1] 赵斌. 马克思《评普鲁士最近的书报检查令》对中国法治的启示[J]. 理论研究, 2017(4): 7.

德品质的形成、发展和成熟,不全是依靠外界的强力灌输,也有一部分是在主客体的相互作用中,自我建构中形成的。在新媒体时代,新媒体缺乏有效的外部警示和影响力,因此强调道德自律和行为主体的内部道德观念的提升变得更为重要。通过网络行为来规范个人的道德品质并提升自我的形象,这是应对道德秩序混乱的一种有效方法。新媒体自由发展的精神和新媒体主体的道德自律应该相互呼应。尽管需要技术、法律、经济等手段来维护新媒体空间秩序,但实际上任何仅靠外在力量的措施都和新媒体自由的天性有所矛盾。相比之下,新媒体主体的道德自律更符合新媒体自由发展的本质。在新媒体环境下,大学生需要注重道德主体自律的内容。

第一点就是要在道德观念方面培养主体意识、责任意识和规范意识。由于新媒体交流的隐蔽性,很容易让人们失去本性,从而导致自我认同感和控制能力下降。道德行为发生的前提是道德意识,同时道德意识也是他律向自律转化的前提,我们必须重视新媒体环境下主体道德意识和自我意识的培养。大学生应当认识到自己在新媒体时代的主体地位,注重培养应对不同道德观念冲突的能力,探索并提出新的道德规范,不断挖掘并弘扬已有的正确的伦理精神。在大学阶段,学生需要培养责任感,即自觉承担个人义务和职责的认知。这种责任感是推动大学生从事道德行为的内在驱动力。在进行新媒体行为时,新媒体主体需要考虑道德责任并承担相应的责任和义务,积极维护社会责任和义务,确保整体利益优先于个人利益。大学生应该认识到规范的重要性,并积极参与新媒体自律规范的制订和建设过程,提出自己的想法和建议,并自觉地遵守规范要求。只有这样,规范才能真正发挥出约束和引导的作用。

第二点则是要通过道德实践,持续进行自我约束、自我保护和自我完善的提升。自我约束是指新媒体使用者自发地遵循道德规范,并以自身内在的信仰和价值观为指导,在使用新媒体时自觉遵守相关规定,保持行为符合道德标准与自律要求,尊重他人权益,避免伤害他人。自我保护就是个体需要在新媒体空间中自己保护自己,这意味着他们需要具备强大的识别和抵御能力,以面对信息的良莠不齐。大学生应该自觉利用网络安全技术,如分级过滤软件,进行"道德过滤",以避免浏览不健康的内容,必须自觉防范各种腐朽思想的渗透。自我完善是指新媒体用户通过积极进行道德实践,不断充实自我知识和提高素养,从而塑造积极健康的品德形象，促进个人的全面成长。它强调新媒体使用者需要注重道德修养，以实现个人内心和行为的一致性，与社会的协调性，以及新媒体实践和现实实践的一体化。在新媒体时代，大学生的道德自我管理需要不断调整和完善，这涉及整个社会的合作和交流，而每个新媒体参与者都应积极参与其中。

二、发挥媒体的道德教育功能

（一）媒体的道德教育功能

媒体承担着道德教育的责任，这种责任主要是通过以下几种途径来实现。首先，人们从媒体中获取社会知识，继而塑造自己的道德观念。电子媒介的广泛普及和使用，使人们的日常生活和传媒的发展密不可分，这种现象创造了一种崭新的文化环境，能够使受众从不同的视角观察社会。媒体呈现的不仅仅是用言语表达的世界，而是通过多种途径向受众传递文化知识、道德准则、行为规范和人际关系等方面的教育与影响。大众媒体已成为道德教育的另一重要途径，其传播范围广泛、知识更新速度快、受众群体多样，这些都是传统学校教育所无法比拟的优势。

其次，媒体还可以间接指导影响受众的社会行为。有一种间接学习经验的方式，就是通过节目内容、人物形象等方式，在无意间为受众提供相关的内容和参考，并影响社会后续的道德风尚和道德行为。

最后，媒体在塑造公众议题方面扮演着至关重要的角色。媒体的议题设置功能指的是人们会受到大众传媒关注问题的影响，进而调整自己看待事物的优先次序。这种影响取决于媒体对不同问题的关注度和重视程度。随着媒体的快速发展，他们可以通过提出公共议题来引导公众的舆论倾向，并进而影响公众的决策。随着新媒体的兴起，传媒与受众之间的互动更加紧密，发展出了一种道德上互相促进的关系。在这种关系中，受众的知情权和参与权也得到了显著提升。利用媒体，我们可以将信息传递给公众，从而对他们进行道德教育和影响。这些信息会引起受众的积极反应，促进传播者、教育者等主体与受众之间的交流和相互认同，也就是实现"授受合一"。我国的传媒从业者采用了三贴近的守则（也就是贴近实际、关注人民生活、与群众紧密联系），以报道新闻和宣传积极乐观的内容为重点，并和听众经常互动，以便了解他们的需求，并且倾听他们的反馈和建议。他们积极地营造良好的道德舆论环境，并立志为社会主义精神文明的发展作出力所能及的贡献。为适应传媒日益更新的传播手段，我们的受众通过多种途径提高自己的科学文化和思想素养，经常向媒体提出建议，推动媒体的发展，这种互动有助于建立良好的道德关系，有益于提高社会的道德水平。

（二）发挥新媒体与传统媒体合作的道德教育功能

尽管新媒体发展迅速，但传统媒体仍然占据主导地位，新媒体需要与传统媒体合作，以更有效地影响公众的思想、意识和行为。只有这样，它才能更好地发挥道德教育的作用。

第一，要充分发挥传统媒体和新媒体的优点，让它们互相补充，充分发挥媒体的道德教育作用。传统媒体和新媒体都有其独特的传播特点和功能优势，互相补充，各有所长。因此，我们应充分发挥各种媒体的优势，以更好地推动媒体在道德教育方面的作用。媒体的基本任务是传播信息，但它并非完全复制社会信息，而是经过挑选后的有选择性地传播。一方面，传统媒体通常是经过"把关人"的筛选，以此来把反映社会主流意识形态的信息传递给受众。传统媒体通过合理设置议程，引导公众关注政府社会的正面积极事件，并以此引导社会舆论，以积极阳光的导向影响社会道德观念。另一个方面，我们可以利用新媒体的优势，鼓励用户的参与、互动和开放。充分利用新媒体的力量，推动社会伦理意识的提高。新媒体通过"参与""互动""开放"等特点，对传统媒体带来了影响和补充。随着新媒体的普及，公众不再是被动的接受者，而成为信息的创造者和传播者，这使得媒体更加开放和互动性更强。公众享有对公共事务和事件自由发表观点的权利，同时也得到了充分的知情和参与的机会。公众积极参与，发挥了媒体对社会的监督作用，促进公平公正，推动我们向高度现代化的社会伦理转型。公众的积极参与和监督可以促进媒体的道德规范建设，借此维护媒体良好环境，并在推进社会伦理方面发挥作用。

第二，倡导新媒体与传统媒体相互协作，以推进媒体融合，并发掘媒体在道德教育方面的潜力。在20世纪80年代，美国提出了媒介融合的概念。媒介融合指的是将两种或多种传播技术融合成一种新的传播技术，从而创造出具有更强大功能的新媒介。这种融合在技术上实现了补充和增强，真正实现了把各个部分合并在一起的目的，从而使新的传播技术和新媒介的效能大幅提升。媒介融合的关键在于传媒组织形式的变革，这一变革促成了经营模式和传媒内容的多样化，也就是传媒从单一的生产模式转变为集约化生产模式，这是一个重要的转折点。媒介融合的所有权融合、策略性融合、结构性融合、信息采集融合、新闻表达融合这五种类型是由美国西北大学戈登教授提出的。传媒领域经历了媒介融合所带来的重大变革，主要表现在以下几个方面：一是随着时间的推移，媒体的业务形态逐渐融合，市场上出现多种新兴媒体。二是市场上的各种产品相互融合，形成了多元的组合形式。三是涉及载体的配合、发行途径的协作以及接收设备的区分。四是机构整合，以及更高层次的分工再次进行。数字技术为媒体融合提供了平台，推动了传统媒体向数字化转型，并促进了传统媒体与网络、手机等新媒体的融合。这为实现传统媒体和新媒体互补优势，更好地发挥媒体的引导和教育作用，创造了有利条件。

第三，加强对媒体监管，推动形成良好的媒体生态，促进媒体在道德教育方面发挥更大的作用。在媒体活动中，政府监管是一项至关重要的强制措施，不容忽视。政府需要制定相关的传媒政策，以确保传媒能够为公众利益服务，并且有效监管传媒的市场行为。我们可以从韩国新闻产业的政策中获得一些启示。韩国新闻产业政策可以分为以下三种："一是确立自由公平地进行竞争的市场结构的政策；二是能使传媒业投入的资源发挥出最大效益的政策；三是为了使传媒业生产的信息产品有利于形成市民社会，需要制定能发挥中介作用的政策。"[①] 政府制定传媒政策旨在通过新闻传播活动发挥传媒的积极作用，以营造和谐的舆论环境。在我国，还有一些法规和制度用于管理媒体。新闻出版自由等行为也在我国《宪法》中得到了明确规定。此外，文化部、广电总局、新闻出版总署、国家发展改革委、商务部联合制定了《关于文化领域引进外资的若干意见》。此外，国务院还发布了《关于非公有制资本进入文化产业的若干决定》（国发〔2005〕10号），旨在规范外资和非公有资本在传媒业中的参与问题。在现有法律的基础上，加强对新媒体的管理和监管，进一步规范互联网信息服务和电子公告服务，包括制定《互联网信息服务管理办法》和《互联网电子公告服务管理规定》等法规。这些

---

① 郎劲松.传媒伦理学导论[M].杭州：浙江大学出版社，2007.

规章制度的实施，有助于媒体管理更加有序化，维护了一个良好的传媒生态，同时也能够有效地引领主流思想和意识形态。

第四，公众参与是推动传媒健康发展的一个方式。广大人民群众想要参与大众传播活动的愿望随着社会的不断发展和进步也越来越强烈。由于掌握传媒话语权的是大众传媒自身和国家与政府，使得传统的大众传播活动呈现出新闻话语集中化、精英化的特点，进而使得广大公众无法参与新闻话语的塑造和传播。公众参与传媒有了更多机会，特别是随着新媒体的兴起，大众传媒对公众的开放程度逐渐提升。在参与大众传媒的过程中，国家应该确保公众参与不只是形式上的，而是有着制度保障并遵循严格的纪律和伦理规范的。为了确保公众参与的平等，传媒需要吸纳各方面的优秀经验，从而实现更全面的发展。随着新媒体的兴起，传媒活动中受众的角色发生了变化。公众通过博客、微博、发帖等方式能够将身边发生的事情发布出来，推动了"公民新闻"的产生。"公民新闻"是指非专业的新闻从业人员，通过积极参与新闻的采集、编辑、报道以及分析、评论等活动，来推动新闻报道的发展。这一变化让公众成为传媒活动中更加积极的参与者。"公民新闻"的兴起，是数字科技不断进步、新闻理念逐渐成熟、团队合作以及广泛参与意识的共同作用。随着"公民新闻"的兴起，大众传媒的活动平台变得更为分散，一般社会公民也开始在新闻传播中扮演重要角色。公民在参与媒体活动的过程中，需要针对以下方面提高公众的媒介素养：如遵守法律法规、避免违反新闻伦理和道德、提升专业知识等。同时也要重视专业新闻工作者的职业要求和职业道德，以达到更高的新闻标准。

第五，在新媒体时代充分发挥传媒德育的作用，聚焦增强其影响力的关键领域。在新媒体时代，加强传媒德育功能的重点在于引导传媒更加注重道德和文化的传递，抑制娱乐化的趋势，同时努力提高传媒的公信力。第一点是需要指引媒体正确处理娱乐化导向。大众媒介是一种有益的补充，可以为学校教育与家庭教育提供积极支持。然而，我们也需要关注到媒介的娱乐化倾向对德育产生了一些消极影响。特别是新媒体带来的娱乐性等特点对大学生产生的负面影响不容忽视。因此，我们必须有效遏制媒体过度娱乐化的趋势，坚守正确的方向，将社会效益放在优先位置。第二点是充分发挥传媒在传递主流道德文化方面的作用。随着大众传媒的迅速发展，德育已经获得了更广泛的信息传播途径。不良的文化信息可能会扰乱公众对主流道德文化信息的理解和接受。这将会有损大众传媒在道德教育方面的影响力。因此，在加强德育工作的新时代，我们需要把提高大众传媒传递主流道德文化信息的能力作为一个重要的方面来加强。第三点是致力于提高媒体的可信度。就媒介的道德教育作用而言，其公信力是最为关键的传播资产。改革开放以来，我国大众媒介的公信力受到了一些影响，而这种公信力的建立是依赖于公正性的。我们应该加强对媒体从业人员的监督，完善媒体监管机制，并提高大众传媒的信誉度，以实现其在道德教育方面的积极作用。

三、新媒体视域下大学生道德标准化教育实践

（一）建立完善的道德行为失范预防和监控机制

在处理媒体新时代下大学生网络道德行为失范的有关问题时，我们需要认真分析造成这一现象的原因，并采取相应的措施，建立完善的预防和监控机制，以确保大学生的道德认知与行为保持一致。针对大学生在网络使用中可能面临的问题，学校一方面需要建立一套有效的预防措施。需要考虑到大学生心理和行为上的特点，以此为出发点，开展网络道德行为的教育和引导。如果能够增加针对网络信息辨别和分析的教育讲座或课程等教学资源，大学生的信息辨别和筛选能力可以得到提高。大学生应严格遵守网络规范，传播正确的价值观念，提升道德素养，并增强自我责任、自我约束和网络安全意识。另一方面，学校应设立监督和干预系统，由专业人员对大学生在网络上的道德言行进行监督，及时掌握他们的思想和行为动向，及时解决问题，防止不当行为进一步扩大影响。

（二）教育者要改变传统的道德教育模式

随着新媒体的快速发展，教育者的主导地位受到了挑战。为了跟上时代的步伐，教育者需要不断更新自己的教育理念，变被动为主动，充分利用新媒体的优势，改变传统的单向灌输教育模式。随着新媒体时代的到来，学生们具备了更强烈的主动获取信息的意识。因此，传统的课堂灌输式教学方式已经无法满足他们的学习需求。相反，学生们更加倾向于在课堂中融入新颖有趣的元素，以满足他们对学习的期待。因此，为适应时代的发展要求，教育者应主动学习和应用新媒体技术，改进教学方法。此外，教育者必须及时掌握大学生的网络动态，了解

和分析大学生最近关注的热点话题和道德难题。教育者根据大学生的行为特点和心理特征，有针对性地开展新颖丰富、寓教于乐的思想道德教育活动，以引导大学生树立正确的道德观念，作出正确的道德判断和行为选择。

（三）强化网络道德教育的服务功能

"以人为本"的教育理念是每一个思想道德教育者都应该具备的，这一教育理念充分体现了大学生主体性的特征。大学生日益倾向于将新媒体作为开展网络思想道德教育的主要场所，因为新媒体的快速传播和开放交互等特点能满足他们的需要。当面对许多不同的信息时，大学生通常会因为自身的主观因素而选择、分析和判断这些信息，这些因素都会影响他们对这些信息的接受程度。因此，我们需要了解大学生在信息方面的不同需求和特点，并建立一个针对大学生的道德教育服务系统，其中包括设计用户友好的新媒体平台和提供个性化的咨询服务，以提供更广泛、更高品质的教育资源。

没有道德的国家不能兴旺发达，没有道德的个人也难以立足。对于大学生来说，正确的价值观培养是非常关键的，因为他们是社会主义的建设者，也将成为未来的接班人。除此之外，他们个人的道德和思想水平也会对社会道德的进程产生某种程度的影响。在数字化时代，我们必须非常重视大学生的道德培养，同时也要正视数字化发展给大学生道德教育所带来的挑战。为了防止和纠正大学生的道德失范行为，我们需要主动适应时代发展的要求，关注大学生的思想和行为变化，并转变教育观念。此外，我们还需要建立完善的预防和监控机制，以便及时发现问题并采取对应的措施。最重要的是，我们应该采用多种教育方法来引导学生树立正确的道德观念。

第四节　新媒体视域下大学生全面发展教育实践

一、新媒体视域下大学生法治教育实践

（一）营造积极的法治环境

为了大学生法治教育顺利进行，我们必须营造一个良好的法治氛围。首先，

我国必须进一步完善法律的细节并且保证司法系统公正。我国制定了很多法律条款，并形成了一个相对完备的社会主义法律制度和法规体系。然而，实际操作中发现，法律执行方面依然存在许多缺陷，这可能导致执法机构出现执法疏忽、贪污腐败等问题，从而降低了公众对法律和执法机构的信任。因此需要确保司法的公正性，维护法治环境，促进法律细节的进一步完善。其次，学校积极借助各种新型媒介技术，创造出一个有益健康的网络世界。在新媒体高速发展的背景下，信息传递更加迅捷、便捷，针对法律教育而言，教师可以利用微信群、微博等各种新媒体平台来为学生提供各种法律知识、司法案例等内容，而且不受时间和空间的限制。这些平台为教师在课堂外提供了更广阔的教育空间，也可以促进学生之间交流和讨论。为了帮助学生更好地掌握法律知识，我们可以利用网络下载资源或邀请知名律师录制视频，以更专业的角度向学生讲解司法案例。学校应培养大学生的法律素质，营造良好的法律环境。比如，教师可以利用自媒体广告牌在班级、学校和电梯等公共场所宣传法律知识，提醒学生合法合规。最后，为了优化家庭的法治环境，学校可开设新媒体平台与家长进行沟通，并定期向其传达法治知识，增强其法律意识，并引导家长以身作则，以成为学生的良好榜样。

（二）加强对法治教育体系的优化

在高校进行法治教育时，首要任务是更新法治教育理念，因为理念是指导实践行动的核心。如果没有理念的支撑，可能会造成行为的混乱。要改善高校的法治教育，需要重新审视法治理念。此外，在新媒体时代的背景下，教育者需要对法治教育的形式进行创新，汇总新媒体教育的规律和方法，并发展出新的教育思想。教育者除了传统的课堂教学形式，还可以采用更加灵活多变的教学方式。在课堂上，教师可以借助多媒体向学生展示庭审视频，以便让他们更好地理解法律执行的庄严性。同时，教师还可以在班级中引入模拟小法庭的活动，让学生们结合一个典型的法律案件进行辩论，既巩固了教学内容，又锻炼了学生们的实际运用能力。此外，老师还能够布置作业，要求学生们拍摄和演绎"法律小场景"。学生们可以运用自己所学的法律知识和司法常识，模拟真实的情景并将拍摄的视频上传到平台上。接着，学生们可以互相评价点评，并根据评选结果将前三名的作品在校园网上进行宣传推广。为确保教材的实用价值，我们需要加强法学相关选修课程的涵盖和深度。高校可根据学生的专业和兴趣等因素，量身打造富有多样性的法律选修课程，并将实践环节与教学相结合。学校通过编制针对不同专业学生的个性化法治教材，让他们掌握与自己专业相关的法律知识，从而为未来职业发展打下坚实基础，并有助于促进学生角色转变为具有职业素养的人才。

（三）提升高校法治教育队伍素质

高校法治教学的效果受到教师的法治意识、法律知识和法律实践能力水平的影响。首先，教师应该提升自身的职业道德素养，坚持认真对待教育工作，以正确的价值观和全面的法律知识引导学生。让学生体验到教师的坚定专业精神和吸引力，并且能够积极合作，协助教师完成教学任务。其次，教师应不断增强自己的教学技能，更新传统的教学理念，并采用娱乐化的教学方式来教授法律知识。最后，为了让法治教育更有效，教师应了解新媒体技术的应用方法，巧妙地将其用于学校、学生和家长之间的沟通平台，确保及时传达法律知识和有吸引力的法治案例，以提高法治教育的效果。为了提升高校法律教育的品质，学校应加强对教师的培训，特别是对现存问题进行针对性地解决，如教师缺乏法律知识和教学水平低下等。我们可以安排法律专家举办讲座或提供在线培训课程，以激励教师不断更新法律知识，以此提高高校法律教育的实际效益。

（四）突出学生学习的主体地位

随着新媒体时代的到来，学生们可以更加方便地获得自主学习的机会和平台，这也进一步提高了学生自主学习的能力。因此，在高校法治教学中，需要注重强调学生的主体作用。此外，内部因素在学生法治学习中起着至关重要的作用，因此需要更加积极地管理和引导大学生的内部因素，以促进其法治素养的培养。学生应该认识到终身学习非常重要，因为新媒体和科技发展带来不断涌现的信息和创新，不断影响和塑造着我们的生活。如果学生不能及时更新知识，就有可能被逐渐淘汰。提高法律学习也是增长个人知识的重要方法。在法治教育中，教师可以利用课堂时间为学生讲解一些复杂的法律条款，并要求他们通过网络查找相关案例，结合司法案例进行评析。这样，教师可以通过学生对案例的评析来判断他们对法律知识的理解程度，使他们在学习过程中扮演主体作用。

二、新媒体视域下大学生心理健康教育实践

（一）树立新的心理健康教育理念

随着新媒体平台的发展，教育教学活动更加便利，但同时也对传统教育方式带来了冲击。在网络平台的影响下，教师的作用被削弱，心理教师应跟随时代发展，倡导新媒体思维，转变教育理念，将新媒体平台运用于学生心理健康教育中。当教师利用新媒体进行教育时，他们需先全面了解各种平台，并引导学生更健康地使用新媒体以取得更佳的教学效果。如果出现问题，教师应及时纠正学生的价值观念。

（二）建立更加多元的心理健康教育模式

现今，新媒体平台已成为大学生学习生活中不可或缺的一部分，因此，教育从业者必须善用新媒体平台，更科学地管理和规划教育过程，确立更为多样化的教学模式。具体而言，心理教师可以定期在各种社交媒体平台上发布有关心理健康教育的文章，并制作有关学生心理健康教育知识的视频内容。这种教学方法能够激发学生对课程的兴趣，促使他们更加积极地参与课堂互动，从而加深对课程内容的理解和掌握。在实际的课程实施中，教师可以通过匿名方式为学生提供一对一的心理咨询服务，以确保学生的个人隐私得到保护。这个方法可以帮助我们更好地了解学生的心理状态，减轻他们因应对现代生活所受到的压力而产生的困扰，同时解决他们在现实生活中所遇到的各种问题。

（三）搭建心理健康预警平台

新媒体平台在某种程度上可减轻大学生的心理压力，但也能明显反映出学生的心理问题。虽然新媒体平台不断发展，可学校仍需重视线下心理辅导以补充在线教育的局限性。学校里的教师单独开展这项工作比较棘手，因此需要整合社会各方资源，建立一个学生心理预警平台。通过这一平台，可以制订应急预案，及时关注和了解学生的心理状态，针对出现问题的学生提供迅速、高效的帮助。这种方式能够及时发现学生在现实生活中的困难，快速解决心理问题，并为学生生活带来积极影响。

（四）提高心理健康教师能力

眼下，我国高校未能充分重视心理健康教育，致使校内心理健康教育师资队伍相对不够完备。同时，大学生普遍存在心理问题，为教师带来教学压力。由于新媒体平台的影响，高校教师需要采用更积极的态度和创新的思维方式来应对学生心理健康教育的挑战。在招聘心理健康教师时，学校需要考虑学生现状和校内师生比例，提高师资力量，注重教师新媒体教育意识。这将使得教育团队更擅长利用新媒体平台，以提高大学生心理健康教育的有效性和工作效率。而为了确保教师能够向学生提供有价值的心理健康知识内容，学校应对心理健康教师进行定期培训并传授有关媒体的知识。

第五节 新媒体视域下大学生就业创业教育实践

一、新媒体视域下大学生就业教育实践

（一）优化当代大学生就业指导工作环境

1. 优化社会环境

社会环境的优化，能促进大学生就业指导工作的开展。这主要有以下几个方面的表现。首先，促进经济发展就必须依靠政府采取相应的政策措施，控制和减少发展的不利影响，重点建立系统市场经济制度，打造稳定团结的社会环境；还要加强社会公民的道德教育，营造良好的社会道德风气，旨在为大学生树立行为典范、引导履行社会道德责任。其次，国家进一步加强法律制度建设，以确保社会整体环境得到有效保护。和谐社会环境可以通过管理和立法等多种手段来规范和推进。如果大学生受到良好社会环境的影响，他们将会形成正确的人生观、价值观和道德观。由于大学生更容易接受新思想、新观念，正确的价值观引导能够有益于大学毕业生的就业指导工作，高校的就业指导工作也会变得更加顺畅，从而能够事半功倍地取得好效果。

2. 优化传媒舆论环境

随着信息技术的日益发展，新媒体已经成为当代大学生日常生活中必不可少

的一部分，这对他们的学习和生活产生了潜在的影响。随着社会的进步发展，大学生就业指导逐渐借助大众媒体和互联网这些新的传播途径。

如今，大学生利用大众传媒和网络获取信息已成为主流方式。可是，需要注意的是，这些信息源所传递的信息并非都是正面的，也有一些信息带有负面影响。如果我们要确保媒体内容的纯净，政府需要对大众媒体和网络进行合理的指导和管理，同时开拓思想政治教育和就业指导的新途径，也就是开拓大众传媒和网络就业新方式。另外，国家和社会还需要保证大学生在阅读媒体信息时，能够不受到负面信息的影响，确保信息的可信度。

高校青年大学生的顺利毕业是我国社会良性发展的重要因素之一。为了应对当前的社会现实，政府需要建立网络舆论管理法律体系，以引导公共媒体在舆论引导方面作出正确的选择，并严厉打击传播有害信息、危害学生思想等不良行为。特别是在大学毕业生求职阶段，如果接收到不良信息的干扰，很可能会对学生的职业选择观产生消极影响，这增加了就业指导工作者的工作难度。

3. 优化学校教育环境

大学生就业指导工作主要发生在学校，因为学校教育环境非常关键，它对大学生的世界观、人生观、价值观、思想品德以及职业道德的塑造具有非常重要的作用。

除了改善校园的物质环境之外，优化学校教育环境还需要注重提升校园文化、精神氛围和教育资源。我们可以从以下几个角度入手，以更具体的方式来解决问题。

（1）为保证就业指导工作的效果，学校领导需要高度关注校园环境建设。这包括投入资金和建设硬件，例如修建文化走廊、书院亭等，以创造一个积极健康向上的校园氛围。

（2）校方与社团机构共同举办各类校园文化活动以及讲座活动，促进校园文化的发展，增添丰富多彩的文化生活，提高学生们的思想修养。

（3）学校利用优秀的教育工作者，例如思想政治教育职员、职业发展指导老师、创业专家和辅导员等，以帮助学生在选择职业与就业过程中得到指导和支持。

（4）加强对学生的教育，因为学生是学校和校园环境的组成部分，既影响着校园环境，也受到教育环境的影响，因此需要关注学生的心态和人格发展。在心理健康的状态下，人的态度是积极的，个性也是完整的，这是大学生在求职过程中应该拥有的必备品质。因此，我们应该通过人格和心态教育来引导学生，使他们拥有健康的竞争意识、参与意识、团结奉献意识，并且特别注重培养创新思维。创新不仅是更新，更是改变，它反映了一种价值观念和精神动力，激发人们发挥自身潜能的巨大能量。培养大学生的创新意识有助于推进思想政治教育的全面开展，并同时为发展就业指导奠定基础条件。

4. 优化家庭教育环境

大学生的就业观受家庭因素的直接影响。因此，当大学生寻找工作时，他们通常会考虑如何平衡工作和家庭生活。家长应该鼓励他们选择适合自己的职业道路，并支持他们独立创业。在孩子们的职业心理调适方面，家长扮演着极为重要的角色。特别是在大学生找工作的过程中，家长有着非常重要的作用，一方面，要密切关注学生的就业心理状况，努力促进学生积极适应新工作。另一方面，如果学生在就业过程中出现了一些心理问题，家长应该及时和老师沟通，帮助学生调整自己，树立正确的就业观，解决出现的就业心理问题。

大学生的性格、道德品质、价值观，以及就业观，都会受到家庭教育环境的影响。现今许多大学生都是独生子女，在孩子上小学、初中、高中、大学及毕业就业等方面，家长们都能够为其提供全方位服务。一般而言，家境较富裕的父母往往期望子女能够继承他们的家族企业或是实现他们的职业梦想，在教育子女的过程中往往忽视了孩子自己的职业需求和兴趣爱好。因此在上大学的时候，许多学生并没有明确自己未来的职业定位，而在就业形势不佳的情况下，他们也没有感到迫切的就业压力。对此，学校教育工作者应该积极主动与学生的家长沟通交流，了解学生的就业观念和求职愿望，并且认真聆听学生的心声，以便更好地为他们提供帮助。同时，家长和老师应该携手合作，共同关注学生的思想状况，协助学生解决在择业阶段所遇到的各种困难和问题。在考虑孩子的就业意愿时，家长应以尊重为前提，同时提供有益建议，鼓励他们参与决策，营造一个充满积极向上和民主氛围的家庭环境。

（二）大学生就业指导的路径创新

1. 建立省级高校就业共享信息库

高校应积极开展网络就业指导工程建设。首先，需要建立起并逐步完善各级就业信息库。就业信息库的内容应包括当前最新的就业政策解读，就业招聘信息，就业形势分析，专业行业介绍，往届毕业生的就业去向，就业典型案例，优秀学生的职业生涯规划案例等。通过系统性建设，各高校可以获悉往届学生的就业去向、就业专业对口的占比等，针对不同专业的学生提供就业择业帮助。

其次，学生们通过查询信息库，可以更深入地了解所学专业的就业前景，根据专业就业流向，切实清晰地把握本专业的就业目标，由此更好地规划今后的职业生涯。

最后，就业共享信息库的建立应基于层级的统计，由各专业班级至各年级、各学院再至各高校，逐级合并，最终形成完整而系统的数据库。省级高校就业共享信息库的建立可以更好地为全省的毕业生服务，为进一步推进大学生就业指导工作建立扎实基础。

2. 搭建官方就业微信平台

如今大学生群体正处于一个知识更新速度快、信息量巨大的大数据时代。在区别于传统信息交互的方式下，大学生更易于接受新的事物，更具有创造力。因而高校在开展就业指导工作之时，就需要根据网络新媒体在大学生日常生活中的应用程度，来优化学生获取和加工就业信息的途径，以及扩大信息影响的范围。微信正逐步取代QQ、人人等社交软件，成为新一代热门APP。高校应积极搭建官方微信平台，针对不同年级、不同专业、不同地域的学生，实时发布高质量的就业信息，紧贴市场变化，提供正确权威的资讯。各高校应通过官方就业微信平台，做好宣传和服务工作，设立相应的微信公众号和订阅号，整合优化社会资源，满足大学生对于就业信息的不同需求和关注，并通过微信平台定期推送就业信息，这样学生能第一时间获取就业招聘信息，既方便又高效。

学校利用好官方就业微信，一方面为各类用人单位和学生搭建沟通桥梁，通过线上线下的互动方式优化资源配置，并且把招聘信息、招聘内容和招聘活动有机结合起来，形成一个良性的循环。另一方面，学校也能够更好地了解用人单位的用人需求和学生的就业需要，帮助学生答疑解惑，以便更好地开展就业指导。

3. 借助微博推动大学生就业指导工作

在新媒体快速发展的今天，高校要结合时代发展特点，善于针对学生使用微博获取资讯的习惯来推动就业指导工作。虽然以辅导员短信和 QQ 通知为主的传统途径在学生获取就业信息方面仍占主导地位，但大学生倾向于通过微博获取就业信息的比例上升明显，这说明随着技术手段的不断提高，未来学生获取就业信息的途径会有更多的选择。不同就业信息获取渠道的选择将会在今后的就业过程中发挥不可忽视的重要作用。因而，高校在开展就业指导工作的时候，要与时俱进将传统途径和新兴途径结合起来，在开展传统的就业宣讲会的同时，利用微博同步进行就业政策、就业形势等方面的宣传。

高校通过微博平台，可以将就业相关资讯情况以"润物无声"的形式渗透到学生们的日常生活中，使就业信息的推送服务成为学生群体所关注的热门话题，从而推动大学生就业指导工作的开展。

4. 针对性选择就业信息传递媒体

调查发现，在校女大学生使用交流性媒体的频率要高于男性，而男性则更倾向于使用呈现性媒体。所谓交流性媒体，指的是类似微博、微信、博客等可以在线提问、咨询、留言的互动性媒体。呈现性媒体指的是信息以文字或者图片形式直接呈现在媒体上，信息发布后咨询者只能获取信息，不能与发布者互动咨询的媒体，诸如报纸、杂志、网站等。

因此，针对不同性别的大学生使用媒体的习惯差异，一方面高校可以通过微信、微博等网络新媒体向大学生推送就业方面的相关信息；另一方面也可以通过官方就业网站及官方就业 APP 等在线发布相关信息。这样既便于学生从不同渠道接收就业信息，也可以使就业指导工作更高效地开展。

5. 开发大学生就业 APP

目前，手机已经成为大学生必不可少的日常用品。高校可以根据实际情况开发官方就业 APP，同时做好宣传工作，学生可以用自己的学号登录就业 APP 查询就业政策、招聘信息、就业手续、企业信息等方面的内容。这样方便学生在外出时也能随时查看学校的相关就业信息。

如今我国高校每年毕业生人数都在大幅增长，面对越来越庞大的毕业生群体，如何全面落实和贯彻就业创业工作，是各地高校面临的首要问题。高校应逐步实现自身官方就业 APP 与学生的对接，借鉴社会常用就业 APP 软件例如智联招聘、前程无忧、赶集、58 同城等应用软件的类似形式完善高校官方就业 APP。高校为大学生们提供可靠、真实的相关就业信息，为企业提供优质人才的同时又为学生提供优质岗位选择的双向互动模式，不断推进人才、岗位的资源优化配置，促进大学生就业创业。

（三）大学生就业指导的队伍创新

1. 打造校友交流平台

当代大学生大部分是独生子女。他们在成长的道路上缺乏同伴意识，根据调查结果显示，他们的自我认识较低，在就业过程中，他们一般会咨询好朋友来帮助自己作出决定。根据这一特性，高校可以打造校友交流平台。高校可以根据不同专业建立校友交流微信群或 QQ 群，之后通过宣传让每位学生都加入交流群中。学生可以在交流群中向校友咨询工作方面的相关事宜，校友们也可以和在校学生分享工作上需要的技能和生活中的趣事。这样，学生既可以更加清楚地了解今后的就业领域和就业方向，也可以更早地掌握就业需要的技能。此外学校还可以邀请杰出校友来校作就业讲座，讲解行业的相关知识，跟学生面对面交流。

2. 开拓专业教师与学生交流新渠道

传统的就业指导通常是以辅导员为主的学工团队来进行的。但是由于辅导员的专业知识有限，甚至部分辅导员完全不了解学生的专业知识，辅导员开展就业指导的效果会大打折扣。长此以往，这不仅会让学生对专业前景更加迷茫，也使得学校开展的就业指导收效甚微。因此，高校在开展就业指导时，应该充分利用专业教师的资源，建立专业教师与学生之间交流沟通的新平台。各专业负责人可以通过开通官方微博发布各自专业的专业前景、就业领域等，也可以建立微信群、QQ 群，将专业教师和学生拉入同一个群内，学生可以随时在群内进行就业咨询，专业教师可以第一时间进行答疑。同时，专业教师也可以在讲述授课内容的同时进行就业行业的介绍，对学生进行个性化指导，给学生灌输本专业就业方面的知识。这样，学生不仅可以更好地了解自身的专业，也可以跟专业教师建立良好的沟通，更有利于今后就业。

3. 搭建学生家长与学校的交流平台

一直以来，家庭成长环境影响着学生性格的形式。不同性格的学生对就业的需求也不尽相同。鉴于此，高校在开展就业指导的过程中，应该充分考虑到家庭因素对学生的影响。在就业方面，对学生来说，家人的意见起着相当重要的作用。高校有必要随时与学生家长保持联系，定期沟通。高校可以建立家校联络体系，针对每个班级建立各自的家长微信群或 QQ 群。在群里家长可以随时了解学生的各方面表现，与学校老师进行互动，互相交流心得。家长可以根据学生的不同表现，引导学生正确选择适合自己的职业，树立正确的就业观。学校还可以提供给每位家长一个类似学生学号的账号，家长可以登录学校的就业办网站和学生的个人系统，了解学校历届毕业生的就业去向、来校招聘的用人单位情况，以便于更好地对自己的孩子进行就业引导，使自己的孩子更快地找到合适的工作。

4. 建立行业、企业与学生之间的交流平台

大学生就业指导除了离不开高校和家庭的教育和引导之外，自然也离不开社会和企业。根据高校就业指导调查数据分析，学生对未来职业的认知较低，找工作时根本不清楚用人单位所提供的工作职位具体应该做什么事情，对将要从事的行业了解不深，这就使得学生择业变成了难题。针对以上现象，高校应倡导建立企业管理人员与学生之间的联络机制。首先，学校可以根据学生的需要，定期邀请企业管理人员来校进行职业讲座，让企业管理人员和学生面对面交流。其次，为方便学生与企业管理人员及时有效沟通，学校应建立学生与企业管理人员的交流微信群、QQ 群或者讨论组，利用新媒体技术加强网上互动。这样，学生可以随时获取职业相关的信息。最后，学校可以定期组织学生实地参观企业，参观一线岗位的具体工作，深入了解不同企业的企业文化，这样既加强了企业管理人员与学生之间的互动交流，也可以使学校更好地开展校企合作，更有利于学生就业。

二、新媒体视域下大学生创业教育实践

（一）关于大学生创业的概述

1. 大学生创业的界定及其特征

创业可以分为广义和狭义两种。狭义的创业指的是从零开始，逐步创建自己的企业。广义上的创业可以理解为对已存在的企业进行转型升级、战略创新等活动。本书所描述的大学生创业，是指处于大学生身份这一独特背景下的创业。具体来说，它狭义地定义为在校期间或者毕业不久（1~2年），大学生利用自身或者团队所掌握的资源、技术或信息，产生商业价值并最终获得收益的行为。在大学生创业过程中，团队合作是一种常见的工作模式。通常情况下，创业团队由熟悉的校园同学组成，因为大学是一个人际交往活跃的环境，更容易形成团队合作。

由于大学生的这一特殊社会身份，他们在进行创业时会受到社会与国家的广泛关注。作为年轻的高素质知识人才，大学生已逐渐成为创业的中坚力量。相对于其他群体的创业活动，大学生参与创业活动具有独特的特征，这既有优势也有弊端。

大学生创业者有着前瞻性的意识，但是在实践方面落后。现今的高校大学生大多都有着卓越的综合实力，头脑敏捷，富有创新思维和批判精神，积极向上。然而，由于缺乏实践操作技能和经验，许多大学生创业者虽然具备领先的创业意识，但在实际操作方面却难以跟上。换句话说，他们对创业充满热情，但很难付诸实践。创业者对于创业的认知十分明确，然而在实际的筹备工作中却经常陷入拖延状态。有些创业者的想法考虑不够成熟，虽然他们有很远大的理想，但却不能很好地与市场现实相适应。更何况他们还缺乏充分准备的能力，最终致使创业计划无法成功实施。

另外，大学生创业者在技术方面拥有不可忽视的优势。由于大学生在大学期间接受了长期的系统性学习，形成了科学的思考方式，并掌握了丰富的专业技能，他们具备了较高的技术优势，能够为创业提供有力的支持。高科技企业目前是备受关注的主要企业。有些投资者更愿意支持涉及先进技术的创业活动，这表明技术因素的重要性非常突出。大学生在创业时，通常倾向于选择高科技领域，因为

这样的选择有助于发挥他们的专业特长和技术优势，这也是他们创业成功的重要因素之一。

再者，移动互联网和服务业在大学生创业中更受青睐。与个体买卖和"下海"经商不同的是，大学生创业现在具有更多的选择空间，可以涉足更广泛的服务领域，例如娱乐等。随着网络的普及，大学生群体成为与网络密不可分的一代，他们对网络有着熟练的使用能力和强烈的认同感。同时，大学生拥有学习能力强和接受新事物快的特点，因此在移动互联网行业中创业成为他们的优先选择。

服务业市场成熟，而且相对于其他行业较容易入门，因此备受大学生创业者的欢迎。服务业包括传统行业如餐饮和教育，以及新兴的领域，例如信息技术和在线服务。这些领域的创业难度较低，投资者的风险较小，投资成本也不高，而且市场消费需求相对稳定。因此，许多大学生也会选择服务业作为他们创业的主要领域。

2. 大学生创业的主要方式

大学生群体相对缺乏商业管理经验和社会实践能力，这样就导致大学生在创业方式的选择上有所局限，其主要方式有以下几种。

第一，网络创业。随着互联网的兴起，人们的生活和消费方式发生了翻天覆地的变化，这也为大学生提供了大量的网络资源，使他们可以通过创业在网络上实现自己的梦想。在网络资源的帮助下，年轻大学生可以通过网店和网上加盟两种方式来进行商业活动，利用网络渠道来宣传、销售等。这种创业方式的特点是操作简便、投资成本低、风险小、灵活性高。特别是在淘宝、京东等这样已经形成规模的购物网站中开设店铺，其成熟的交易系统，可以为大学生创业提供极大的便利。

第二，选择加入已有品牌，加盟创业。加盟连锁企业是一种创业方式，通过支付一定费用，创业者可以获得品牌、商标的使用权利，以及物资、技术、经营等方面的指导和支持，从而节省时间和精力，快速融入创业行列，避免了自行摸索走弯路的风险。在加盟创业中，加盟商与连锁总部在利益和风险上是共同体。这种方式可以降低创业的风险，对于没有商业经验的大学生来说，加盟创业是一个不错的选择，因为这样可以减轻时间、资金和精神上的压力。

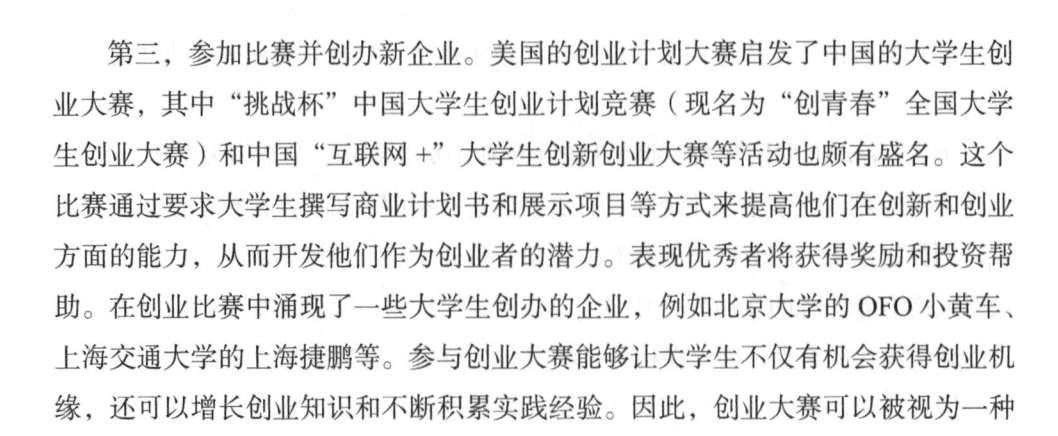

第三，参加比赛并创办新企业。美国的创业计划大赛启发了中国的大学生创业大赛，其中"挑战杯"中国大学生创业计划竞赛（现名为"创青春"全国大学生创业大赛）和中国"互联网+"大学生创新创业大赛等活动也颇有盛名。这个比赛通过要求大学生撰写商业计划书和展示项目等方式来提高他们在创新和创业方面的能力，从而开发他们作为创业者的潜力。表现优秀者将获得奖励和投资帮助。在创业比赛中涌现了一些大学生创办的企业，例如北京大学的OFO小黄车、上海交通大学的上海捷鹏等。参与创业大赛能够让大学生不仅有机会获得创业机缘，还可以增长创业知识和不断积累实践经验。因此，创业大赛可以被视为一种极为有价值的创业孵化器。

3. 大学生创业的影响因素

大学生创业的成功率一直不高，这不仅与大学生自身有关，也与家庭、学校、社会等外部因素有关。影响大学生创业的因素有很多，本书主要探讨以下几个方面。

（1）自身素质能力。要想在大学生创业中取得成功，大学生必须具备以下一些素质和能力：对创业的意识和认知要明确，创业知识要精通掌握，创业品质要锤炼，整合资源能力要强，人际交往能力要优秀等等。在创业活动中，主体的素质能力非常关键，因为它们能够影响整个创业过程的成功与否。创业者需要具备应对各种问题和作出关键决策的能力。即便是一件微小的事情，也有可能对创业之路产生长期的影响，因此大学生应该具备解决问题的知识和勇气，不怕失败。当大学生创业者开始创业时，通常会把市场调研、产品分析等技术因素视为主要考虑因素，同时往往忽略了自身是否做好准备。尽管技术因素是非常重要的，但若实施主体的能力不足，即便进行了一流的前期准备，也可能难以实现理想的效果。由于个体能力的不同，即使面对相同的产品，所实现的效果也各有不同。另外，新媒体在大学生的综合素质培养中已经变得越来越重要了。不论是在学术和实践方面还是人际交往方面，它都扮演着至关重要的角色。

（2）家庭环境。家庭环境对个人行为特征和品德养成的影响巨大，这也同样会对创业产生重要影响。大学生创业者在开始创业之前，通常要获得家庭的认可。创业过程中，家人的支持为创业者提供了重要的支持力量。比尔·盖茨之所以能够成功创业，很大程度上得益于他拥有IBM公司高管父母的背景。很多沿海城市的家庭都从事商业活动，因此他们通常会支持和帮助子女创业。根据相关研究的结果，大学生在选择创业活动时，家庭创业氛围以及家族成员的参与程度起到了重要的引导作用。家庭环境对于大学生创业心理的培养具有重要的影响力，不能忽视。在塑造大学生健康创业心态方面，家庭的适时关心和正确指引至关重要。家人的支持和容忍也是必不可少的要素。心理问题，如果是由家庭环境引起的，可能对大学生创业者的成败产生决定性的影响。大学生创业者的新媒体认知可能受到家庭传统文化和家庭成员媒介素养的影响。因此，大学生正确的认知对使用新媒体非常关键，如果出现错误的认知，就会导致使用新媒体时出现不当的现象。

（3）高校创业教育。高校创业教育旨在发展大学生的创新思维和能力，促进他们将创业意识转化为创业行为。在这一过程中，高校创业教育扮演着不可或缺的角色。直到2002年，中国才开始广泛推广创业教育，许多大学生通过参与创业课程来接触及学习创业所需的多项技能。优质的创业教育可以引导大学生创业者发展创业意识、提高创业能力以及了解整合创业环境等技能方面的能力。此外，它可以协助大学生实现从创业愿景到创业能力再到实现创业梦想的跨越。可以发现，那些曾经参加过创业教育活动的大学生通常会更认同创业行为，并对自己的创业活动作出更具远见和细致的发展规划。然而，随着新媒体的兴起，高校的创业教育已经开始落后于时代。借助新媒体资源，高校可以进一步拓展创业教育的路径，并且在接下来的章节中将详细探讨这个话题。

（4）创业氛围。在大学生创业的环境中，会有两个方向的影响：社会创业氛围影响和学校创业氛围的影响。如果创业文化在某个地区非常繁荣，那么该地区将会建立健全的创业政策、创业生态以及资本支持体系，以促进创业活动的发展。此外，该地区也会涌现更多的创业者群体，这将有助于激发大学生参与创业活动的兴趣并起到示范作用。因而，许多大学生都希望创业。校园氛围在大学文化中扮演着重要的角色，因此也是大学生创业成功的重要因素之一。大学校园所孕育的文化氛围对于促进和承载大学生创业教育具有重要的作用。校园氛围对于培养创业型人才起到了启迪、促进发展和文化传承等多方面的作用。在校园中营造起创业氛围，能够帮助创业大学生找到归属感以及建立自我认同，从而激发他们对创业活动的信心和热情。大学生创业者在新媒体平台上可以享受到开放共享和便捷交互等优势，这些特点为他们提供了新的培育环境，无论是在校园内还是社会中都得以充分利用。

（5）政府支持与引导。硬环境是指经济环境，它包括了大学生创业者可获得的资本支持来源，例如来自风险投资公司或者风险投资基金等金融中介的资金支持。政府的鼓励和指导政策为大学生创业打下了重要的政治基础，赋予其制度上的保障。尤其是对于缺乏社会经验的大学生，这种政策更是具有重要的意义。此外，政府的不同形式的激励政策还起到了鼓励大学生涉足创业领域的良好推动作用。资金问题是大学生创业不可忽视的重要难题。据2019年中国大学生创业报告调查，大学生在创业过程中最大的挑战之一是资金不足。充足的启动资金是正常经营生产的先决条件，也是创业成功的重要保证。对于大学生来说，妥善解决创业中的资金问题，可以确保物质上的保障。在大学生创业领域，风险投资被认为是一个重要的渠道，可以促进创新、实现快速融资，增强竞争优势。近年来，出现了很多旨在支持大学生创业的投资机构，这些机构帮助很多大学生实现了创业计划。因而，这种经济氛围在解决大学生创业中的融资问题上扮演了积极的角色。

（二）关于新媒体与大学生创业关系的基本观点

1.新媒体已成为大学生创业的媒介影响因素

随着网络技术和传播技术的不断进步，新媒体已经日益成为一种非常关键的信息传播方式，大学生已经成为最为活跃和广泛使用新媒体的用户。大学生们广泛使用新媒体获取多样化和丰富的信息，同时也通过其快速便捷的信息交流功能，在创业活动中广泛应用。传统上，人们认为媒介所携带的信息是最值得关注的，因此他们通常会热烈讨论媒介所传递的信息。"媒介本身蕴含着信息"，这是著名传播学者马歇尔·麦克卢汉关于媒介与信息关系的有关言论。这句话意味着媒介的本质不仅是信息的传播工具，同时也是一种信息形式。我们之所以能得到信息，是因为媒介和所传播的信息相互影响，即使是相同的信息，它经由不同的媒介传播也会产生不同的效果。因此，我们所接收到的信息实际上是媒介和信息相互作用所产生的结果。这种将媒介与信息结合起来对社会产生影响的情况，和我们常说的"互联网改变生活"以及微博上的"围观改变中国"都是"媒介+信息"影响社会的实例。根据麦克卢汉的观点，我们可以得出一个结论：新媒体对大学生创业的影响不仅局限于信息传播和交流方面，还能够对主体的认知和行为产生影响。因此，在大学生创业中，新媒体具有非常重要的作用。

2. 新媒体对大学生创业的双重影响应成为重点关注领域

随着传媒技术和移动设备及技术的迅猛发展，自媒体平台为新时代快速发展提供了难得一遇的机会，人们都能够从中获得平等的话语权。由此，新媒体受众的数量日益壮大，已经开始给人们的生活带来了重要的影响，这已经成为时代的一个重要特征。如今，随着新媒体的蓬勃发展和创业热潮的兴起，人们开始特别关注以大学生为主体的创业活动。大学生的创业与新媒体之间存在着紧密的联系，因为新媒体的实用功能对大学生创业起到了积极的促进作用。但同时因为对新媒体监管不足，加之媒体对创业有着一些负面报道，这给大学生的创业带来了不良影响。

新媒体的兴起源于技术的发展，然而技术的进展并不是客观中立的。相反，大部分技术的发展都会有所倾斜，往往会偏向某些特定因素。而决定这些特定因素的权力并不在广大用户的手中。尼尔·波兹曼是一位著名的媒介文化学者和批评家，他认为每个新工具的出现都会带来优缺点，有些有利于我们，有些则不利于我们。印刷术的问世使得人们有了现代的个体意识，但同时也削弱了中世纪的整体感和凝聚力。在他的另一本著作里，他甚至将新技术描述为一种"毁灭人类灵魂的专制力量"。新媒体的出现使得人们对技术制品和技术活动进行伦理评估成为必要，因为它在伦理层面上产生了双重影响。

以前，人类与自然环境的交互是通过技术来实现的（人—技术—自然），但随着信息技术的发展，这种交互方式发生了翻天覆地的变化。首先，改变的是信息技术扮演着连接人与人之间的重要角色，超越了仅仅连接人与自然的作用。其次，当信息技术被用作观察工具时，它会与主体或对象融为一体，从而由人—技术—自然形成人与技术—自然或人—技术与自然的关系。最后，信息技术将不可避免地渗透到人类的物质和精神层面，并且作为中介的存在几乎是无法察觉的。信息技术对我们的影响是非常复杂的，我们可以把它看作是一种中介，通过它带来的变化很多。在这种情况下，人们可能会过于关注技术本身，而忽略了人类作为促进技术发展的工具或手段的重要作用。在实现科技进步的过程中，新媒体技术对大学生创业产生了深远的影响。我们应该有一个目标，希望通过全面综合考虑新媒体技术的效果，来建立一个适合大学生创业的友好的新媒体环境。

3. 新媒体对大学生创业的积极影响

（1）新媒体为大学生创业提供便利平台和庞大消费市场

创业者们必须牢记，在创业过程中，选择适合的创业平台和可靠的消费人群都非常重要。对于缺乏商业环境认知和市场经验不足的大学生而言，要找到合适的创业平台和稳定的消费人群更具挑战性。大学生创业者可以充分利用新媒体的多样性传播内容、双向交互机制以及广泛的受众群体等优势，从而有效地应对创业过程中面临的挑战。

以微信为例，这项新兴媒介在短短几年内就迅速积累了庞大的用户群，并创建了一个高效完善的支付体系。许多大学生创业者喜欢使用微信作为创业平台，因为它有低廉的初始投资成本，不需要高昂的资源投入，同时可以更容易地进行试错，这也是微信的优势体现。微信创业可以采用多种形式，其中之一是媒体型微信创业，这是指利用公众号平台向用户提供内容信息，企业型微信创业是一种基于微信平台的创业模式，它依托微信提供的各项功能和资源，在微信上全面实现创业项目的运营；服务型微信创业意指为用户提供多种微信服务。对于大学生创业者而言，微信提供了多种创业路径。通过利用互联网传播的优势，微信为大学生创业者提供了一种在线聚合消费者的新型营销方式。借助微信平台提供服务的方式，创业者既可以降低成本，又可以方便消费者使用服务，因为微信平台已经成为他们喜欢的工具之一。因此，可以说微信在大学生创业者和消费者之间扮演了重要的桥梁角色，通过输入输出信息来满足双方的宣传表达和信息获取需求。另外，除了微信这种方便易用的形式外，还有一种能够发挥中枢连接功能的新媒体形式是APP。然而，大学生往往缺乏开发应用所需的技术能力和资金，以及推广所需的营销策划水平。与之相对的是，开发单独的APP需要花费更多的精力和资源。尽管本书不反对通过APP开发来创业，但需注重开发应用的成功性，只有成功的APP才能够带来超越微信平台的创业成果。本书旨在探讨微信平台与APP开发等不同类型的新媒体，在大学生创业过程中各自所具备的独特优势，以便读者更全面地了解并作出更明智的选择。

技术一直是经济活动的重要组成部分，尤其是进入工业时代以来，经济的发展越来越无法离开技术这一核心要素。新媒体通过其技术优势在社会经济活动中扮演了重要角色，尤其在电子商务功能方面表现尤为突出。新兴媒体为创业市场提供了网站、网店、网游、软件等不同的经济交易方式。同样地，新媒体为传统经济模式注入了新的活力和增长机遇。毫无疑问，电商为大学生创业提供了全新的渠道。他们可以通过网络来创业，从而节约了人力和物力成本，并且可以更加便捷地开展业务，与其他公司和企业进行多样化的业务往来。

由于现实社会中资源的稀缺性及人们获取资源的不同能力，导致社会中存在着各种不公平的现象，并且一定会有处于弱势地位的群体存在。相比现实世界，网络世界中不存在阶级差异或种族歧视等不平等现象，在网络世界中，每个人都具有平等的机会和能力利用各种技术手段获取信息和使用网络服务。因此，可以说新媒体的互动交流有助于促进平等性，而且新媒体的受众群体广泛且普遍。新媒体的兴起改变了我们的生活，也带来了消费方式的调整。越来越多的人倾向于选择方便快捷的在线购物和安全可靠的移动支付。消费市场因新媒体兴起而变得更加便捷，从而吸引了大批消费者。对于缺乏市场经验的大学生创业者来说，这种开放、生机勃勃且自由竞争的消费市场环境为他们的创业提供了有利条件，有助于他们取得成功。

（2）新媒体为大学生创新创业教育提供多样化路径

培养大学生创新意识和创业能力的重要方式之一就是在高校中开展创新创业教育，这项教育课程的开展使得大学生在管理经营和实践能力上得到了提升，并且积累了丰富的创新创业知识。只有通过参加创新创业课程，大学的作用才能得以充分发挥，也就是说，只有通过接受创新创业教育的学习实践，大学生才能称得上是接受了全面的大学教育。现今的大学生创新创业教育过程往往只重视对企业管理教育和创新能力的培养，并不重视对大学生进行创新思维的培养教育，主要是因为教学形式的限制。传统的大学生创新创业教育方式已经落后于当前大学生创业的特点和环境，这对创新创业教育的效果产生了负面影响。有效地引入新媒体将为大学生参与创业活动提供新的机遇和可能性。

第一，新媒体能够给创新创业教育提供丰富的资源。就像前文提到的，新媒体具有传播内容丰富，信息来源开放的特点。新兴媒体的广泛应用为传统教育注入了活力和新思维，弥补了教材滞后、课程陈旧以及实践内容不足等问题，丰富的信息资源为大学生创新创业教育开辟了新思路，提供了机遇。同时，凭借接入互联网的固定或移动多媒体设备，人们可以随时随地获取所需的信息，非常方便。通过利用新媒体，大学生在创新创业教育中将能够及时获取更新的创业理念、方法、经验和资讯，并且能够第一时间了解国际上创新创业的新动态和发展前景，从而能够达到创新创业教育实效性提升的目的。

第二，新媒体为大学生改善创新创业教育的途径。在传统大学生创新创业教育中，教育者主要通过教科书和课程教学来传授知识，同时也会加入一些创业实践项目或者创业比赛，但是这些实践项目往往缺乏多样性和趣味性，而创业比赛则可能过分侧重理论知识，而忽视了实际社会情况。这种情况部分原因在于教师缺乏创新精神和意识，另一部分原因则可能是传统的教学方法不适合当下教学环境。新媒体信息传播的特点包括双向交互和广泛分享，这种环境下促进了人们之间的交流和信息共享，对于高校创新创业教育活动的发展提供了很多好处。通过建立能力测试平台、创业指导平台、资源信息共享平台等，高校可以帮助学生解决问题，提高能力，还可以设置专门的网站来分享创新创业知识和信息。这种方法符合学生的习惯和需求，可以激发他们学习的热情和主动性。

第三，通过整合新兴的媒体工具，学校可以有效地提升大学生创新创业教育的效力。学校利用新媒体平台进行信息传播，相比于传统印刷材料和口头讲解，能够增添更多乐趣和互动性，有效提高创新创业教育效果。新兴社交媒体平台，比如微信、微博、QQ等，打破了中央控制的言论氛围，使得所有用户在信息创造、传播、消费和观察方面可以平等自由地发声。并且，用户的身份可以相互转换。因此，我们可以认为在新媒体平台上信息的传播是众多参与者共同努力的结果，并且他们之间相互依存、互相联系。借助新媒体平台，创新创业教育中的所有参与者能够随时随地分享自己对创业的想法和见解，并获得及时的反馈。通过频繁的意见交流和思想碰撞，一个最初的商业想法有可能逐步发展成为一个完备的商业计划。在便利的网络平台上完成所有交流活动，参与者不用顾忌各自的身份问题，因此这一过程是轻松愉快的，消除了现实世界中的沟通障碍。此外，考虑到大学生个体的学习方式和习惯有所不同，创新创业教育也应该因人而异，灵活应对。新媒体平台的灵活性和可定制性极高，因此教师可以根据大学生群体的不同特点和需求，创建多样化的学习交流平台，实现因人而异的教学方式。这种个性化的教学方法既减轻了大学生学业压力，又有助于促进大学生创新创业的全面发展。

4. 新媒体对大学生创业的不利影响

大学生的创业教育在当今新媒体盛行的环境下迎来了极大的挑战，这也使得一部分大学生创业者开始采取消极的态度应对困难。新媒体与当前大学生创业教育之间存在诸多问题，因为新媒体创造的市场环境与创业教育适应的环境不相符。在新媒体发展迅速的背景下，创业教育似乎滞后一步，未能与时俱进。主观来看，随着新媒体的迅猛发展，大学生在新媒体专业知识学习和新媒体本身的认知方面存在着不足。就客观因素而言，目前大学生创业教育的课程体系缺乏对新媒体创业的指导，也未能及时提供符合市场需求的知识教育，甚至有一些高校尚未推出创业教育课程。

由于新媒体形式与功能的多样性，现今的市场对大学生创业者有着更高的要求，他们不仅需要具备不同职能的实践技能，还要有敢于创新、善于创新的品质，这样才能在快速变化的市场环境中有效地进行信息、制度和目标管理。然而，就大学生创业能力培养的角度而言，目前的创业教育方式在形式上还显得相对单一。进行创业教育的人往往过多地侧重于将创业实践局限于商品经营，而忽视了对不同培养途径的重视，这与当今新媒体市场的需求背道而驰。

（三）政府主导，加强完善新媒体管理

在实际社交中，人们可以清晰地了解彼此的身份，并灵活地转换角色。然而，在新媒体环境下，由于社交场合模糊和参与者的认知受限，虚拟互动可能会导致言行或思维上的不良影响，使参与者偏离道德准则。大学生创业者在现实生活中的身份认同提升，可能会导致他们在利用新媒体平台进行社交和表达时面临更多的挑战和困惑，进而增加了不当行为的可能性。因此，政府需要通过利用相关法律法规对其进行约束和打击，使新媒体的用户养成有道德、注重隐私的好习惯。另外，为了维护好安全和谐稳定的新媒体使用环境，还需要政府等相关部门建立权威的网络安全管理机构和管理站点，有效消除管理缺陷和失序问题，以确保在必要时人们能够及时获得准确的指导和帮助。

在新媒体环境下，信息来源多样，交流自由，传统的媒体监管方式已经不足

以有效确保网络环境的安全。政府在加强新媒体管理的过程中，需要改变思维方式和工作方式，从单一的管理者转变为积极的参与者，通过经验总结和不断实践来促进相关法律法规的完善。

（四）完善高校创业教育、优化校园新媒体平台

大学是学生主要聚集的地方，因此在教育和引导学生思想方面具有明显的优势。然而，尽管新传播技术和平台时常得到拓展，高校在建设新媒体专业教师队伍和支持大学生创业方面还是有所欠缺的。首先，高校没有专业的新媒体教师队伍；其次，创业教育只注重了经营、管理等方面的内容，忽视了对大学生综合创业能力的培养；最后，高校新媒体平台尚未充分利用其在教育和宣传方面的优势，平台的管理运营仅限于维护信息而已。因此，为了推动大学生创业，高校营造一个支持创业的校园新媒体氛围至关重要。高校应该加强专业教师培养、优化新媒体平台，并完善创业教育，使之成为大学生创业的主要场所。

首先，随着新媒体技术不断发展，高校创业教育的专业人员积极参与对于提升其管理至关重要。当前大学中的创业指导师数量有限，并且缺乏来自权威机构的培训，也缺乏实际的创业经验，所以这项课程的指导形式较为单一，技术有限。高校更应该清楚认识到自己的不足，大力鼓励和支持对教师专业能力的培养发展。然而这并不是一个短时间内就能完成的过程，高校可以逐步改进教师团队的结构，结合专职、兼职和挂职教师。另外，通过学习优秀的创业指导课程来提升指导教师的专业水平也是一个很好的途径。在培养创业指导教师的过程中，高校建立一个有效的评价激励体系非常重要。

其次，因为大学生们对新媒体平台的需求正从单一化转变为个性化和多样化，校园新媒体平台管理不善和用户流失的问题正在增加。校园媒体信息缺乏引导和实际运用性，与学生的真实问题联系不紧密，忽略了教学效果，造成学生较少关注。校园新媒体平台在高校学生的认知培养和知识学习中扮演着至关重要的角色，特别是对于大学生创业者来说，校园新媒体是一个不可或缺的资源，有助于培养创业思维并支持实际创业活动的开展。因此，为了更充分地发挥高校新媒体平台在教育和宣传方面的优势，高校应该优化平台，在发布和更新信息内容时，注重内容的思想性，并要在知识性和实用性之间找到一个恰当的平衡点，以满足不同

大学生群体的需求。为了让新崛起的社交媒体平台在创业大学生群体中更受欢迎和有影响力，学校可以邀请外部企业家和成功的大学生创业者加入社交媒体平台。通过"开贴"形式集中回答大学生创业者关心的问题，以吸引有创业意愿或已经从事创业的大学生参与、观看。另外，高校在提升各种新媒体平台时应特别关注培养大学生群体的媒介素养，包括遵守伦理规范和正确辨别新媒体信息等方面。高校需要加强对信息传播的筛选和把关，提升各种新媒体平台的积极影响力，同时要求大学生在网络交流中加强自我约束，增强网络道德素养，以及建立对新媒体的正确认识。

最后，大学生创业教育应侧重向大多数人传授创业知识并推动创业实践，这对大学生创业者的思维方式和行为方式都具有重要影响。就像之前讨论的那样，大学生创业教育通常只服务于那些已经具备创业潜质的学生，对其他人的影响有限。这主要是因为创业教育缺乏吸引力，导致人们缺乏参与的兴趣或者创业的意愿不足以转化为实际行动。因此，高校创业教育需要在课程设置方面考虑不同人群的特点，以便吸引不同阶段的创业者和尚未涉足创业领域的大学生，同时还需要采取多种形式来促进学生素质的全面发展。另外，针对当前大学生创业教育在新媒体环境下逐渐失去活力的问题，高校引入先进的创业教育体系是一种有效的解决方案，比如采用国际劳工组织开发的 KAB 创业教育体系。它采用了大学生偏好的互动式、体验式教学方式，注重培养学生的创新能力并激发其学习动力，在许多高校中备受青睐。大学生创业教育需要被视作一项系统性的工程，高校应该从培养发展的角度、从全面塑造人才的高度来认识这项工作的重要性和紧迫性。在推行素质教育项目时，高校需要同时遵循教育常规，推动创业教育的规范实施，同时要理解并善用不同的创业大学生群体，使他们各自能够共同进步。

（五）社会参与，构建和谐新媒体环境

自古以来，社会制度和社会规范始终是人类社会发展的基石，为广大民众营造了一个相对稳定、和谐的生活环境。它们对人们正常生产劳动起着保障作用，并在一定程度上引导着人们的社会生活和社会交往。然而，随着新媒体的崛起，人们的社会交往方式发生了翻天覆地的变化，传统的社交模式面临着前所未有的

挑战。新媒体的出现，将人们的社会交往从现实世界转向了虚拟空间，借助信息技术的强大力量，构建了多个线上交往平台。这种"拟态交往"虽然保留了现实社会交往的基本功能和意义，但在很大程度上规避了传统社交活动中应有的规范及其约束。面对这一新形势，如何确保新媒体环境下的社会交往规范和谐，成为当下亟待解决的问题。在新媒体环境下，规范和谐的社会治理不仅有助于保障人们的生产和生活便利，还能促进社会公平正义，推动社会和谐发展。为此，我们应当充分认识新媒体环境下社会治理的重要性和紧迫性，切实加强社会治理创新，努力构建一个和谐的新媒体社会交往环境。

在科技飞速发展的当代社会，人们对技术的依赖和信任日益加深，往往对其抱有极高的期望，在许多情况下，人们遇到问题时首先想到的是寻求技术的帮助，并且不假思索地接受技术所给出的答案，这种现象被称为"技术崇拜"。它让人们在使用技术时很容易忽视伦理道德的考量。在新媒体领域，技术崇拜和伦理失范的现象更是屡见不鲜，这主要源于技术的观念偏向和用户的认知不足。然而，我们必须认识到，技术只有在特定的应用环境中才能发挥其价值。每一种新技术的诞生都为人们开启了一扇新的大门，但它并不会强迫人们踏入其中。技术的发展程度和应用范围在很大程度上取决于当时的社会条件。因此，在构建大学生创业的新媒体环境时，社会参与的必要性和有效性显得尤为重要。

有效的社会参与，不仅代表着人们对于社会的积极投入，更意味着社会治理的及时跟进。在新媒体环境下，大学生创业活动已经与传统社会中所熟悉的创业活动有了显著的区别。这种差异性体现在信息开放、交往自由的新型特征，它构建了一个全民参与、共享成果的创业环境。然而，传统的社会治理方式已经无法适应这种全新的创业环境，亟待进行改革与调整。新媒体技术日新月异，相较于社会治理的稳定性，它始终处于领先地位。这就形成了一种滞后与超前的矛盾关系，具体表现在社会制度的不完善、教育认知的不足、自律与他律的缺失等方面。为了解决这一矛盾，社会参与一方面需要针对出现的问题和不足，及时寻找解决之道；另一方面，需要根据过往的经验教训，对未来作出合理的预判和准备工作，以预防矛盾关系的进一步激化。在新媒体环境下，构建稳定的社会参与机制显得尤为重要，这对于新媒体环境的长期有效运行具有深远的意义。同时，对于大学生创业活动在新媒体环境下的顺利开展，社会参与的有效保障和引导更是关键因素。只有通过完善社会参与机制，才能确保新媒体环境下的大学生创业活动得以正常进行，进而推动整个社会不断创新、进步。

（六）社校联动，促进形成健康新媒体环境

社校联动，即社会教育力量与高校的紧密合作，对于大学生创业者来说，这种联动尤为重要。其中，家庭教育作为社会教育力量的重要组成部分，其对大学生创业者的影响深远。

首先，家庭教育对大学生创业过程的影响不容忽视。在创业过程中，家庭的支持如同坚实的后盾，为大学生创业者提供了前进的动力。家庭的经济支持、情感鼓励以及人际关系等方面的援助，都能帮助创业者解决创业过程中的实际问题，使创业过程更加顺利。此外，家庭对创业者的信任和理解，也能帮助创业者保持良好的心态，面对创业过程中的困难和挑战。

其次，家庭教育在新媒体使用过程中起着监督和引导作用。在新媒体环境下，大学生创业者需要具备良好的媒介素养，以形成自律意识，严格规范自己的行为。家庭的正确引导和教育，有助于创业者养成健康的新媒体使用习惯，避免陷入网络陷阱，从而保障创业过程的顺利进行。

为了充分发挥家庭教育的积极作用，高校可以在新生入学时开设新生家长课堂，为家长提供学习提升平台。通过邀请专家为家长解答如何科学、正确使用新媒体等问题，提高家长在新媒体环境下的教育能力。此外，定期回访和家长会等形式的沟通交流，也有助于高校及时了解家长在家庭教育中的需求和困惑，为家长提供有针对性的指导和支持。社校联动下的家庭教育，旨在充分发挥家庭在新媒体环境下对大学生创业的积极作用，促进大学生创业者形成良好的媒介素养，减少新媒体带来的负面影响。

（七）利用新媒体手段进行大学生创业指导

1. 设计 APP 软件进行创业

APP 是英文 APPlication 的简称，中文称为应用软件。起初 APP 只是作为一种第三方应用的合作形式参与到互联网商业活动中去的，如淘宝、京东、新浪微博、网易邮箱等。由于 iPhone、Android 等智能手机的普及，人们也逐渐习惯了

使用APP客户端上网的方式。这些APP一方面累积了各种不同类型的网络受众，另一方面借助APP平台赚取流量来获得盈利。

随着互联网越来越开放，APP与传统实体商店之间联系也越来越紧密，萌生一种新的盈利模式——O2O，即通过APP将线下的商务机会与互联网结合，让互联网成为线下交易的平台。例如，消费者在家中通过大众点评APP客户端购买电影票，并在线选择观看座位，随后完成网上支付，APP将购买凭证二维码推送至手机，最后消费者凭借二维码至电影院自助终端设备扫码取票，便轻松观赏了一场电影。这样一个线上与线下的完美结合，不仅使得影院在工作效率提升、成本节约、获得盈利的同时，而且改变了人们出行游玩的固有习惯。

无论是传统的流量盈利模式，抑或是现今的O2O模式，APP所蕴含的潜力无比巨大，前景令人期待。年轻的大学生初入社会，常常抱负远大却没有明确的目标定位，又没有工作经验，难以找到一份理想的工作。而利用APP创业门槛较低，通过打造出一款优质APP获取创业机会，恰恰给才华横溢的大学生们一个展示自我、实现理想的创业平台。

2. 新媒体平台下的微商创业

中国自改革开放以来，经济高速增长40余年。在这个充满各种机遇与挑战的大环境中，高校大学生逐渐倾向于自主创业。传统大学生进行实体创业时，往往因为没有充足的创业资金而放弃。但是如今随着互联网的发展，电商创业慢慢成为大学生创业途径的热门选项。在作者看来，电商创业与以往的实体创业相比较，具有以下几个优势。

（1）创业资金少。对于刚开始创业的大学生来说，如果不是开展很大的项目，起始所需资金并不是很多。同时在创业初期未正式注册公司之前，大学生创业者不必为零碎的收费税务而烦恼。

（2）成本费用低。当今社会网络通信发达，相较于以往的电话通信，绝大部分问题都可通过网络通信进行沟通、协商、解决，十分高效、便捷。同时创业者不需要去租实体店面，支付昂贵的房租。这些都降低了大学生创业者的成本费用。

（3）风险系数低。因为初期的投入不高，创业失败所造成的风险系数也随之降低。因此高校可以鼓励创业者放手去做，不必害怕失败的后果。

（4）人员构成简单。很多大学生创业都是白手起家，一人就包揽了所有工作，基本上一个人就可以解决问题，无须操心员工、管理、工资以及福利等等。

近两年，微商逐渐活跃在我们的朋友圈，从起初简单的朋友圈卖货到迅速地在市场上开疆拓土，成功的原因在于微信的原点是社交而非营销工具。区别于传统电商，如淘宝店铺，微商的好处在于通过微信社交能更精准地找到用户群，从而大幅提升订单量。然而随着微信官方对朋友圈恶意营销的严厉打击和用户对微商广告的深恶痛绝，朋友圈交流环境大为改善，微信社交圈的电商模式逐渐演变为基于社会化媒体开店的新型电商。

大学生作为使用新媒体技术的最庞大群体，在新媒体平台下进行微商创业具有巨大的优势。作者认为，大学生想要在创业中大有作为，必须准确把握市场动态、竞争对手的发展趋向，及时调整发展战略，沿着正确的发展道路走下去。

同时微商创业也存在一些问题，例如，朋友圈微商充斥着大量非法的"三无"产品，质量难以保证，买家无处维权；创业者压货严重，导致资金流转不畅并无法提供售后；朋友圈卖家发展层层代理，有触发传销的法律风险，本书在此不再做详细叙述。

3. 建立创业园地共享平台

传统的大学生就业方向，不外是应聘企事业单位或是参加政府公务员招考等，大学生多是作为就业环节中的被动者，等待被聘用。然而，在现代科学技术不断更新发展的背景下，新媒体等新兴技术为大学生就业提供了崭新的平台。大学生成为积极主动的就业者，通过自主创业化被动为主动。

创业分流就业压力，拓宽了高校在指导学生就业方面的视野。学校在关注学生传统就业渠道的同时，要紧跟时代步伐，相应地引导学生在大数据环境中，因时制宜地自主创业。在开展就业指导工作之时，高校要更新和转变学生的被动就业观念，鼓励创新。"以创新引领创业，以创业带动就业"，这是每一个高校就业指导人员所必须思考和实践的问题，也是时代发展的要求。

并且，高校作为大学生群体初入社会的跳板，应率先建立并逐步健全大学生创业发展链。从以下三个方面来解决问题。首先，高校应充分利用各类新媒体平台，向学生推送创业相关资讯，如创业项目、创业意向合作人、校园创业群等；开设资讯互动平台，关注并了解在校大学生的创业意愿与发展动态，通过解答学生疑问来不断优化服务。其次，完善往届学生的相关创业信息，时时与各大国内外高校开展创业资讯交流，建立省级大学生自主创业共享平台。以科学的数据，为学生提供创业方向的预判，指导学生在创业的洪流中更好地抓住机遇。最后，高校应尽可能地重视并加强创业园地的建设工作。一方面，学生在校内创业园地进行创业起步工作之时能够受到学校氛围的影响，在行业规范、创业思维、整体素质等方面都能够占据优势地位，同时也为就业指导工作营造一个良好的环境；另一方面，通过创业园地平台的建设，无论是高校与高校之间，还是高校与企业之间，抑或是高校与政府之间，都形成了高效的资源共享模式，这对于大学生创业提供了相当大的帮助，且充分发挥了互联网新媒体合理优化配置资源的作用。

第六章 新媒体视域下大学生思想政治教育的创新探索

本章主要介绍新媒体视域下大学生思想政治教育的创新探索,主要从四个方面进行了阐述,分别是建设高水平网络思政教育师资队伍、变革思想政治教育教学的方式方法、搭建立体化思想政治教育平台、提升网络舆情引导的专业性。

第一节 建设高水平网络思政教育师资队伍

一、新媒体时代高校思想政治教育队伍建设的基础

(一)新媒体时代思想政治教育队伍建设的理论依据

中共中央和国务院联合发布的文件对新时代高校思想政治工作提出了明确的要求和目标。其中,关于教师队伍和专门力量的建设成为重要内容。文件明确提出,要加强教师队伍和专门力量的建设,提升教师思想政治素质,加强思想政治工作。此外,文件还强调要加强师德师风建设,使教师更加注重自身职业道德的修养,以教书育人为己任,肩负起培养新时代社会主义建设者和接班人的重任。在教师评聘和考核机制方面,文件要求完善相关制度,增加课堂教学权重,引导教师将更多精力投入课堂教学。完善教师职业道德规范,实施师德"一票否决",意味着教师在职业道德方面的表现将直接影响其职业发展,进一步强化了教师的道德责任感。文件还特别强调高校思想政治工作队伍和党务工作队伍的地位和作用。这些队伍具有教师和管理人员双重身份,是我国高校思想政治工作的核心力量。为了更好地发挥这些队伍的作用,文件提出要将其纳入高校人才队伍建设总

体规划，形成一支专职为主、专兼结合、数量充足、素质优良的工作队伍。从中可以看出，思想政治教育队伍是大学生思想政治教育工作的主导者，负责组织和实施思想政治教育工作，思想政治教育队伍的建设是高校思想政治工作中的重点所在，能否成功建设一支高素质、高水平的思想政治教育队伍是思想政治教育工作成败的关键。

我国历来高度重视高校思想政治教育队伍建设。中共中央、国务院下发的《关于进一步加强和改进大学生思想政治教育的意见》，这份文件明确提出了高校要主动占领网络思想政治教育新阵地、全面加强校园网建设的具体要求。2013年教育部国信办《关于进一步加强高等学校网络建设和管理工作的意见》指出要："结合教育信息化建设，推动技术、服务升级，整合高校网络信息、思想政治理论课程和思想政治工作资源，把中国大学生在线打造成覆盖面宽、影响力大、引领性强的高水平综合性大学生主题教育网站。实施"易班"推广行动计划，逐步把"易班"建设成集思想教育、教务教学、生活服务、文化娱乐为一体的大学生网络互动示范社区。高校要着力增强校园网站的思想性、教育性、服务性、互动性，加强综合性门户网站、主题性教育网站、专业性学术网站建设，推进辅导员博客、思政课教师博客、校务微博、班级微博及校园微信公共帐号建设，扩大网络文化的育人覆盖面和社会服务面。"党的十九大以来，习近平总书记更是多次就网络安全和信息化发表重要讲话、作出重要批示。网络安全和信息化工作具有重大的战略意义，是国家安全和社会稳定的基石。我国必须加强网络安全和信息化建设，确保网络空间的安全和清朗。2015年6月，在中国"互联网+"创新大会上，业界权威专家学者围绕"互联网+教育"这个中心议题展开了深入的探讨。会议认为，"互联网+教育"并非取代传统教育，而是要让传统教育焕发出新的活力。在这个过程中，高校应充分利用互联网技术，创新思想政治教育方式，拓宽教育渠道，提高教育质量。党的二十大报告还明确提出，要推进教育数字化，建设全民终身学习的学习型社会、学习型大国。新媒体是在互联网环境中产生的一种媒介，其为高校思想政治教育队伍建设提供了新的途径。

这些文件和精神都是做好互联网建设和管理、创新高校网络思想政治教育队伍建设的重要工作指南。"互联网+"的基本要素是创新驱动，传统的教育方式已经难以为继,必须转变到创新驱动发展这条道路上来。高校只有用"互联网+"的思维来寻求革新,主动加强思想政治教育队伍建设,从教育者一方着手改变教育方式,才能更好地发挥出创新的力量,早日完成国家对大学生的人才培养目标,培养出网络时代高素质合格的接班人。

(二)新媒体时代思想政治教育队伍建设的现实依据

1. 共同分享教育资源

新媒体是信息传播的工具,具有即时性。借助新媒体平台,人们不必出门便可查阅和浏览到不同地域、不同国家的电子报刊,及时了解热点新闻、奇闻轶事等;人们还可以通过点赞、评论、转发等方式,分享自己的感受,不仅能提高新闻的传播速度,还能增强信息获取和交流的时效性。这有利于思想政治教育工作者随时随地在线上分享信息,他们不仅可以查阅自己感兴趣的内容,还可以发布自己的所见、所闻、所感,通过交流学习心得、经典案例等进行碎片化的学习,开阔视野、增长见识,及时讨论具有价值的教育信息资源。新媒体平台能最大限度地满足思想政治教育工作者对信息多样化、个性化的需求。

新媒体还具有自由性,能突破空间、时间限制,这一特征促进了线上学习的流行,一批批网上学校应运而生。"高校思想政治教育工作者可以参加网上培训,在工作之余自由开展学习,不断提升个人能力。同时,网上学习还可以使经济欠发达地区的教育工作者轻松获得发达地区、发达国家的教育资源,以此减少和消除教育水平的地区差距,逐渐实现教育公平。"[①] 为此,大学生思想政治教育工作可以与新媒体建设融为一体,用先进的通信和科技成果改进教育方法和教育形式,利用新媒体的发展提升自己的素质,抓好大学生思想政治教育工作。

2. 统计分析教育信息

新媒体不仅是传播信息的工具,还是存储信息的载体,具有多元性。随着新媒体的不断发展,数据保存、信息检索等功能被广泛应用,给大学生思想政治教育工作提供了新的方式,使工作内容和形式更加多元。新媒体让思想政治教育工作者告别了零散的工作笔记、会议纪要、谈话记录的记录模式,也不用再保存一本本厚重的记录本、会议册,而是可以通过网盘、收藏夹等形式,海量

---

① 林铭. 新媒体视域下高校青年教师思想政治教育工作探析 [J]. 成都中医药大学学报(教育科学版),2015(1):3.

储存重要的工作内容和材料,这些形式不仅易于保存和查找,而且便于携带和使用。

更重要的是,对于日常积累和储存的工作数据,教育者可以通过新媒体一键轻松传阅,实现教育者之间的即时共享;还可以用智能软件对数据进行精确的分析和处理,总结思想政治教育工作的特点和规律,使其在工作中更有方向性和条理性;教育者也可以通过设定分类,将数据进行归类和整理,在横向和纵向对比中总结优势、发现短板,从而对思想政治教育工作中出现的问题进行有效的统计,尽早提出改进和提升的有效措施,重点解决普遍存在的疑难问题,针对性解决个别存在的问题,将新问题、新困难控制在萌芽阶段。

3. 有助于丰富教育形式

新媒体可以使思想政治教育工作更加生动,可接受性更强。当前,各种教育APP的开发和运用,改变了大学生的学习方式和思维模式,使他们更乐于接受动态的、新颖的教学方式。"互联网+教育"的结果,将会使未来的一切教与学的活动都围绕互联网进行,教师在新媒体上教,学生在新媒体上学,信息在新媒体上流通,知识在新媒体上成型,线下的活动成为线上活动的补充与拓展。

思想政治教育工作者可以利用校园微博等媒介与学生平等对话,变单调的指示、命令、灌输为生动的双向互动交流,增强思想政治教育的实效性、时代感;思想政治教育工作者应有效使用网络工具,通过微课、慕课、手机课堂等拓宽教学空间,声色俱全、图文并茂地为大学生提供内容丰富、形式多样的教学课程;思想政治教育工作者通过增开网络学习课程或安排网络教学任务,使大学生在教育过程中获得多种体验,以互动式、引导式的教育方法,让学生自己寻找问题的答案,增加教育感染力,提升教学参与性。

二、新媒体时代高校思想政治教育队伍建设的目标与要求

(一)新媒体时代高校思想政治教育队伍建设的目标

1. 提升高校思想政治教育工作者的素质

网络世界中没有绝对的权威,每一个浏览者对信息的接收都是有选择性的,只有赢得网民的承认,才能树立起网络世界的权威,因此思想政治工作者必须具

备理论学习、计算机技术、人文修养等多方面的素质，以发挥在思想政治教育中的优势作用。为了实现思想政治教育工作的创新和发展，我们需要适应网络时代的新特点，紧跟时代步伐，充分利用现代科技手段，特别是互联网技术，来加强和改进思想政治教育工作。因此，对思想政治教育工作者进行技术武装和政治形势的教育显得尤为重要。互联网作为现代科技的典型代表，正在深刻地影响着人们的生产、生活方式，以及思维方式。政治工作者需要认真学习、刻苦研究互联网技术，了解其运作机制、发展趋势和潜在影响，这样才能更好地利用互联网这个平台开展思想政治工作，增强教育政治工作的针对性和实效性。

2. 完善高校思想政治教育工作者队伍的结构

为了在新媒体时代更好地开展大学生思想政治教育工作，我们需要招纳擅长网络技术的科技人才加入教育队伍，共同探讨适应新时代的教育方法和措施。唯有如此，我们才能深入了解网络以及大学生的内心世界，以便帮助他们解决思想问题，以更高效、快捷的方式满足新媒体时代对思想政治工作的需求。

3. 吸引优秀人才到工作队伍中来

充分调动优秀人才的积极性，共同研究大学生思想政治教育方法与措施。高校要利用传统媒体人才积累的优势，研究新兴媒体和传统媒体之间互动和交流的方法和途径，支持高校的相关专业建设，培养和选拔优秀的后备人才。

（二）新媒体时代高校思想政治教育队伍建设的要求

1. 过硬的政治素养

新媒体时代下，高校思想政治教育工作者所应具备的首要且核心的素质即为政治素质。鉴于当前网络环境的复杂性和"网民"涵盖大学生群体的特殊性，思想政治教育者更须不断提升自身的政治素质。特别需要强调的是，在政治素质的培养中，应注重提升政治上的"三性"，以确保教育者在新媒体环境下更好地履行职责和使命。

（1）政治上的敏感性

在新媒体时代，高校思想政治教育工作者不仅要承担起传授知识的责任，还要在信息的海洋中筛选出有价值的内容，引导学生形成正确的世界观、人生观和价值观。在这个过程中，如何判断网络信息的价值，成为一个亟待解决的问题。

新媒体时代的高校思想政治教育工作者在判断网络信息有无价值时，应该从政治上着眼，从全局的高度出发。这是因为网络信息纷繁复杂，各种观点和立场交织在一起，很容易让人迷失方向。因此，教育工作者需要具备政治上的敏感性，用辩证的思维来分析网络信息的真实性和可信度，看它是否符合党性原则，是否符合人民的利益。新媒体环境下，信息的传播速度快和范围大，一旦出现不当言论或虚假信息，很容易引发社会舆论的关注和热议。因此，教育工作者需要时刻关注网络舆情的变化，及时发现问题，并采取相应的措施加以解决。同时，我们还需要加强对学生的引导和教育，帮助他们提高政治觉悟和辨别能力，避免被不良信息所迷惑。

（2）政治上的预见性

我们要提高政治鉴别力和预见的准确性，首先就要依靠政治理论的武装。通过深入学习马克思主义基本原理，我们能够明确政治方向，坚定政治信仰，从而在复杂多变的国际国内形势下，保持清醒的头脑，准确地把握时代脉搏。然而，观察世界、认识世界并非易事。世界是复杂的，事物的本质往往是隐蔽的，这就需要我们开展深入调查研究，收集相关信息，认真分析各种矛盾，由表及里，去伪存真。这一过程需要我们运用马克思主义的辩证唯物主义和历史唯物主义方法，透过现象看本质，揭示事物的内在规律。只有掌握了正确的理论和方法，我们才能做到准确地把握现在，合理地预测未来。

（3）政治上的坚定性

政治上的坚定性，核心在于政治信念和政治立场的稳固确立和坚定维护。在新媒体时代，这个原则对高校思想政治教育工作者提出了更高的要求。他们需要有远大的共产主义理想，自觉地将中国特色社会主义理论体系作为行动指南，始终坚持正确的政治方向，毫不动摇地走中国特色社会主义道路。

2. 优良的信息素养

信息素养，这是一个在当今社会中被广泛提及的词汇，它是人们在信息爆炸、网络技术飞速发展的社会中，应对各种信息的实际技能和对信息进行筛选、鉴别与使用的能力。这种能力不仅体现了个人的综合素质，也是在新媒体时代高校思想政治教育中至关重要的一个方面。高校思想政治教育队伍在这一过程中承担着教育、管理的职责，特别是在面对网络信息的繁杂多样和网络媒介的日新月异时，教育者们更需要做好教育引导工作,以提升学生的信息素养,帮助他们正确地获取、理解和应用信息。

第一,树立敏锐的信息意识。高校思想政治教育工作者的信息意识尤为重要。信息意识,简而言之,就是对信息的敏感度以及捕捉、分析、判断和吸收信息的自觉程度。身处网络时代的教育工作者,每天都面临着海量的信息冲击。这些信息来自不同的渠道,具有交叉渗透和分散性的特点。如果教育者的信息意识不足,他们可能会感到无所适从,难以有效地利用这些信息。这不仅会影响他们的工作效率,还可能导致他们在思想政治工作中出现偏差。因此,教育工作者需要增强信息意识,学会从海量的信息中筛选出有价值的内容,还需要将其与思想政治教育的知识信息有机结合起来,丰富教育内容,还要使教育更加贴近实际,更具说服力。这样,教育者在进行思想政治教育时,就能更好地引导学子们把握时代脉搏,树立正确的价值观。在新媒体时代,高校思想政治教育工作者必须广泛吸取知识,以丰富的知识内涵为基础,不断增加信息积累。在提高自身综合素质的同时,更要提高捕捉新信息、发现新信息的能力。只有这样,教育者才能在日新月异的信息环境中,做好思想政治教育工作。此外,工作者还需养成经常"触网"的意识和习惯,把接触、收集、整理网上大学生的思想动态信息作为日常工作的一部分。这样,才能更好地了解学生的所思所想,有针对性地开展思想政治教育工作。

第二,培养高尚的信息道德。信息道德,是指在信息活动中调节信息创造者、信息服务者、信息使用者之间关系的行为规范的总和。它不仅涉及信息的交流与传递,还体现了教育者在信息活动中的道德责任与义务。新媒体时代高校思想政治教育者的信息交流与传递目标应与社会整体发展目标协调一致。这意味着教育者需要时刻关注社会发展的方向,确保所传递的信息内容与社会价值观相符合,引导学生形成正确的世界观、人生观和价值观。教育者应承担相应的社会责任和义务。在信息传播的过程中,教育者需要遵守信息法律法规,坚决抵制违法、淫秽、迷信、反动的信息,维护网络空间的清朗,为学生营造一个健康、积极的网络环境。此外,尊重知识产权和个人隐私也是信息道德的重要内容。教育者在使用和传播信息时,必须尊重原创者的知识产权,避免盗用、抄袭等行为。同时,教育者还应尊重用户的个人隐私,不泄露学生的个人信息,保护他们的合法权益。

教育工作者作为人类文明的重要传播者，其是否具备高尚的信息道德，直接关系到其教育立场的选择，即"以何种思想启迪学生，传授何种知识给予学生"这样一个核心问题，也直接关系到"最终能否培养出社会所需要的人才"这样一个目标问题。

第三，提升全面的信息能力。信息能力主要包括信息获取能力、信息处理能力和信息传递能力。在这三个方面，教育工作者尤其是高校思想政治教育工作者需要特别关注和加强，以适应新媒体时代的发展。信息获取能力是基础，是了解网络环境，掌握网络搜索技巧，善于开发和利用数据库的能力；信息处理能力是指对在网络上所获取的信息进行整理、分类、筛选、加工和吸收消化的能力；信息传递能力是指教育者将与其教育目标相一致的有用信息，通过网络渠道有效传授给受教育者的能力。新媒体时代高校思想政治教育工作者必须加强这三个方面的能力培养，真正做到全面提升信息素养。

3. 突出的创新素养

创新是一个民族进步的灵魂。创新素养是指人们所具有的一种不断突破传统，不断寻求新的发展和进步的内在能力。网络时代源于社会经济的持续创新，其基本特质在于不断变革、不断创新，在变革中实现发展，在创新中提升品质。而最能接受网络生存方式的大学生，也是年轻而且最具活力、最有创新精神的社会群体。借助网络开展思想政治教育，既是一种创新，也是一种突破。它以更平等的交流取代了单一的灌输式说教，使得教育过程更加生动活泼，易于被人们接受。但要开展网络思想政治教育，教育者需要认识到，网络时代是一个信息爆炸、观念碰撞的时代，人们的思想观念在其中不断碰撞、摩擦。因此在开展网络思想政治教育时，教育者必须紧跟网络时代的发展步伐，把握网络主体的思想动态，紧扣网络发展的脉搏。这就要求我们在新媒体时代的高校思想政治教育队伍，必须具备较强的创新能力，具有不断超越自我、突破传统的勇气。并且新媒体时代的高校思想政治教育队伍，需要不断学习新的技术和方法，掌握新的理论和规律，紧跟技术发展的步伐，才能更好地开展网络思想政治教育。

第六章 新媒体视域下大学生思想政治教育的创新探索

三、新媒体时代高校思想政治教育队伍建设的路径

（一）培养高校思想政治教育工作者的新理念与意识

1. 增强"三个理念"

（1）网络理念

随着新媒体技术的发展，高校思想政治教育网络化已成为重要趋势，在当今教育背景下，高校思想政治教育的重要性已经得到了广泛的认识。思想政治教育不仅成为大学生思想道德建设的重要组成部分，同时也融入了学校教育管理的方方面面，更是校园文化不可或缺的部分，对学生的成长、思想政治教育工作的推进以及高校的持续发展起着至关重要的作用。网络，已经深深地渗透到我们的日常生活中，改变着我们的行为方式、交流模式，甚至是思维方式。对于网络的本质、特征、功能、作用以及它的前途和命运，我们的教育工作者应该要有深入的认识和理解，特别是在高校思想政治教育领域，更应有清醒的认识和准确的把握。对于高校思想政治教育工作者来说，树立正确的网络观尤为重要。他们需要在理解网络本质的基础上，引导大学生正确使用网络，避免网络带来的负面影响。同时，他们也需要利用网络的优点，创新思想政治教育的方式和方法，使思想政治教育更加生动、有趣、有效。具体来说，高校思想政治教育工作者需要投身网络实践，深入体验网络对社会、对个体，对人的精神、心理的影响。只有这样，他们才能真正理解受众的生活方式和精神状态，才能根据受众的需求和特点，制定有效的思想政治教育策略。

（2）服务理念

教育工作者需调整工作态度与方法，坚持线上线下相结合，线上了解学生所思所想，线下深入学生的学习、工作和生活，与他们建立紧密联系，急他们所急，想他们所想，办他们之所需，切实为他们办实事。教育者要实事求是地开展工作，赢得学生的配合，使新媒体时代的高校思想政治教育工作得以虚实结合、顺利推进。此外，高校相关部门应积极配合思想政治教育者，共同营造优良的教育环境，丰富校园文化，让学生在良好文化的熏陶下，接受高质量的思想政治教育，不断提升自身思想境界。

（3）实时理念

新媒体时代是一个以信息爆炸为特征的高速发展时代。在这个时代，网络环境下的信息传播速度之快令人瞠目结舌，这无疑给高校思想政治教育工作者带来了前所未有的挑战。他们不仅要掌握信息传播的规律，还要学会如何引导和把控这一传播过程，使其朝着积极健康的方向发展。在这个时代，每天都有海量的信息充斥在各大网站的首页，其中不少信息在经过多次关注和讨论后，逐渐演变成热点问题。大学生的关注点和热点问题在网络的推波助澜下，很可能演变成群体性事件。这警示我们，社会热点问题的客观存在要求高校思想政治教育工作者必须具备实时教育的理念。实时教育新理念的核心在于，教育工作者要时刻关注事态的发展，积极应对和解决内部矛盾。只有这样，教育工作者才能充分利用有益的问题或事件，扩大其积极影响；同时，也将不利的问题或事件消灭在萌芽状态，避免其进一步扩大。此外，高校思想政治教育工作者还应关注大学校园的日常事务，深入了解大学生的学习和生活状况，对存在的问题及时发现、及时解决。

2. 确立"四个意识"

（1）阵地意识

网络的开放性、虚拟性和跨文化性等特点，使高校思想政治教育面临更为复杂的教育环境和教育对象。在这种情况下，高校思想政治教育工作者必须强化阵地意识，重视新媒体环境对高校思想政治教育工作带来的挑战，认真研究网络空间出现的一系列新情况、新问题，充分运用网络发展带来的新技术与新手段，提升思想政治教育工作的时效性与针对性，确保高校思想政治教育广泛覆盖网络领域，从而不断增强教育工作者在此领域的战斗力。面对新媒体环境所引发的冲击与负面影响，有必要采取积极主动的应对策略，充分利用网络所带来的优势与便利，开发网络思想政治教育资源，充分发挥其在高校思想政治教育中的积极作用，将其塑造为高校思想政治教育工作的新载体，构建全新工作阵地。

（2）安全意识

网络本身具备开放性、共享性、超时空性、即时性以及隐蔽性等特点。因此，教育与引导大学生具备自觉辨识与抵制网络反动、不良信息的能力，成为高校思想政治教育工作者肩负的重要职责。高校思想政治教育工作者应着重培养大学生网上遵纪守法意识，加强思想道德教育，将《公民道德建设实施纲要》所提出的基本道德规范要求与网上道德教育相结合。高校需增强大学生上网自律意识，使大学生树立安全上网意识，确保上网安全。众多高校也要做好建立校园网络信息管理制度的工作，强化对网络信息的监控和管理。

（3）学习意识

增强学习意识在新媒体时代已成为对高校思想政治教育工作者的一项明确要求。高校思想政治教育工作者必须具备丰富的思想政治理论知识，这是开展思想政治教育工作的基础，只有理论功底扎实，才能在教育实践中做到言之有物、言之有理。同时，随着时代的变迁和社会的发展，思想政治教育理论也在不断更新和完善，因此，教育工作者还需要不断学习、更新知识，以适应新形势下的工作需求。高校思想政治教育工作者需要具备运用网络技术、信息技术等科技手段开展工作的能力。新媒体时代，互联网成为信息传播的主渠道，大学生们更是普遍使用各种社交媒体和网络平台。因此，教育工作者需要熟练掌握网络技术和信息技术，能够从网上快速查找、筛选信息，科学合理地使用信息，主动参与新媒体时代高校思想政治教育阵地的建设。随着技术的不断创新和应用，网络领域的新事物层出不穷，高校思想政治教育工作者还应密切关注网络发展的新动向、研究出现的新事物，教育工作者需要保持敏锐的洞察力和前瞻性，及时学习、掌握新技术、新应用，并将其融入教育实践中，以更好地满足大学生的需求，提升教育效果。

（4）创新意识

新媒体技术为思想政治教育工作提供了新的载体和手段，教育工作者应充分发挥新媒体技术的作用，将网络作为加强大学生素质教育的重要阵地。新媒体时代也要求高校思想政治教育工作者必须具备强烈的创新意识，以应对新时代带来的挑战。创新意识不仅是一种思维方式，更是一种行动指南，是高校思想政治教育工作者在新时代中迎接挑战、解决问题、开创工作新局面的关键。新媒体时代要求高校思想政治教育工作者具备与时代相适应的创新观念。在新时代，网络已成为人们获取信息、交流思想的重要平台。因此，思想政治教育工作者必须紧跟时代的前进步伐，树立网络化的思想政治工作意识，在思想上勇于突破传统的教育模式，积极探索适应新媒体时代的思想政治教育新方法，以满足新时代大学生的需求。新媒体时代下的思想政治教育工作者也要善于针对网络特点创新工作思路。思想政治教育工作者需运用富有时代特征的主旋律,将正能量传递到网络上。这需要他们深入研究网络传播规律,善于运用网络语言,以生动活泼的形式传播社会主义核心价值观,使学生在网络环境中感受到思想政治教育的魅力。

(二)提高教育者应用与管理网络的能力

1. 提高教育者熟练应用网络交流平台软件的能力

高校思想政治工作者在当今信息化社会中,应熟练掌握并运用各类交流软件,如 QQ、微信、微博等,这些工具在日常班级管理和校园管理中发挥着重要作用。通过这些平台,教育工作者可以与学生进行即时沟通和交流,了解他们的所思所想,及时解答学生的疑虑和问题。教育工作者还需充分利用网络资源,关注大学生的网络言行,把握他们的思想动态。在此基础上,有目的、有意识地从正面引导大学生,传播正能量,帮助他们树立正确的世界观、价值观和人生观。此外,教育工作者应积极参与校园网络社区的建设,成为核心成员,发挥示范引领作用,带动更多学生参与到网络社区的活动中来。教育工作者通过举办各类线上线下活动,丰富学生的课余生活,营造积极向上的网络氛围,从而提高思想政治教育工作的水平。思想政治工作者应紧跟时代潮流,善于运用新型交流工具,加强与学生的沟通与互动,以提升思想政治教育工作的质量和效果。这既符合时代发展的要求,也有利于培养一代又一代有理想、有道德、有文化、有纪律的社会主义建设者和接班人。

2. 提高教育者熟练掌握和应用网络技术的能力

在新媒体时代,尽管高校思想政治理论课仍然是学生思想政治教育的主要途径和阵地,但传统的"灌输式"教育方法已无法满足现代大学生的需求。因此,从事高校思想政治理论课的教师需加强和改进思想政治理论课的教学,熟练掌握和运用网络这一工具,将多媒体与网络技术融入其中,实现多媒体网络技术与思想政治理论课教学的无缝衔接。教育者通过制作多媒体教学课件,以教材体系为线,运用声、像、图文并茂的教学手段,演绎那些严肃而枯燥的主题内容,改变以往枯燥乏味的教学方式,对历史资料、理论概念等进行形象化、生动化的展示与剖析。教育者还可以通过建立思想政治理论课教学网站,让学生通过网络自由交流学习心得,把思想政治理论课与网络教育有机结合,使枯燥的课程变得生动有趣。

（三）提升高校思想政治教育工作者的媒介素养

1. 提高思想政治教育工作者的媒介素养意识

媒体已经成为人们获取、传播和交流信息的重要平台。作为高校思想政治教育工作者，我们必须认识到，媒介素养教育对于我们的个人发展和工作实效具有至关重要的意义。因此，我们需要着力提升自身的媒介素养，打造一支现代化、专业化的精英队伍，以适应新时代的发展需求。在观念上思想政治教育工作者需要高度重视媒介素养教育。只有充分认识到媒介素养对于自身发展和工作实效的重要性，才能营造出良好的学习和实践氛围，激发教育工作者自我提升的动力。

2. 充分发掘教育资源，打造实践平台，实现双效辅导

进行有效的媒介素养教育，我们应以理论教育为基础，实践训练为保障，构建起完整的教育体系。我们应做好一系列有针对性、规范性的媒介素养教育课程的教学，系统地进行授课。课程还应注重理论与实践相结合，通过案例分析、角色扮演等方式，让学生们能够深入理解媒介素养的重要性。实践训练是媒介素养教育的关键环节，我们需要打造实践平台，为学生们提供技能锻炼的机会。这些实践平台可以包括校园媒体、社交媒体、新闻发布平台等，让学生们在实际操作中锻炼媒介素养。在实际训练中，我们还应指导思政工作者学会通过网络平台抢占思想政治教育的新阵地，将媒介素养教育与思想政治教育相结合，提高教育的针对性和实效性。

3. 组建由思想政治教育工作者组成的差异化"互学共习"研究小组

由于受教育者的背景、兴趣、能力等方面存在巨大差异，传统的"一刀切"教育模式已无法满足多样化的需求。我们提出根据受教育者的不同特点，成立不同类别的研究小组，并灵活选择与之相适的教育模式，全面、系统、高效地推动媒介素养教育的开展。在研究小组内，成员们可以自发组织各种活动，如研讨会、案例分析、实践操作等，共同探讨媒介素养教育的最新理念和实践经验。这种组织形式既有助于激发成员的学习热情，还能使他们在交流过程中共享教育资源，共同提高媒介素养。针对不同特点的受教育者，研究小组可以自发组织专题研讨。例如，可以设立以动漫、游戏等为主题的媒介素养研究小组，让学生在感兴趣的话题中探索媒介素养的内涵；或是设立以职场沟通、社交媒体应用等为主题的研究小组，帮助他们提升在工作和生活中运用媒介的能力。

第二节 变革思想政治教育教学的方式方法

一、增强高校思想政治理论课吸引力

（一）用好思想政治教育课堂教学主渠道

学生获取知识的方式和渠道众多，但课堂学习的重要性不容忽视，因为它为学生提供了更为基础和系统的知识体系。

随着科技的飞速发展和信息时代的到来，教育的形式和手段也在不断地发生变化。然而，无论教育形式如何变革，课堂教学的核心地位始终不可动摇。课堂教学不仅是传授知识、培养技能的重要途径，更是塑造学生世界观、人生观、价值观的关键环节。因此，我们必须从战略高度上认识到课堂教学的重要作用，并努力强化其在教学体系中的核心地位。我们要把社会主义核心价值观培育贯穿思想政治课堂教学全过程。社会主义核心价值观是当代中国精神的集中体现，是凝聚全社会共识、推动社会和谐发展的重要力量。我们要引导学生准确把握社会主义核心价值观的深刻内涵和实践要求，促使他们将其内化于心、外化于行。通过培育社会主义核心价值观，我们可以帮助学生树立正确的道德观念和行为准则，培养他们的社会责任感和公民意识。同时，我们还要使中华优秀传统文化融入课堂教学。中华优秀传统文化是中华民族的宝贵精神财富，是连接过去与未来的重要桥梁。我们要通过课堂教学，让学生了解中华优秀传统文化的丰富内涵和独特魅力，培养他们的文化自信和文化自觉，帮助学生更好地认识和理解中华民族的历史和文化，增强他们的民族自豪感和归属感。在思想政治教育教学过程中，我们需要实现"立德"与"树人"的紧密结合，这样才能从根本上解决如何有效运用思想政治理论课这一重要主题，使其充分发挥作为主渠道的作用。

同时，强化授课教师队伍建设在高等教育中也起着举足轻重的作用。这一建设过程不仅仅是选拔和培训一批优秀的教师，更是确保教育质量和育人效果的关键。教师在课堂上的言辞和行为对学生产生着深远的影响。他们不仅需要用准确、生动的语言传授知识，更要通过自身的行为示范，传递正确的价值观。这就要求教师们在是非曲直、义利得失方面保持清醒的头脑，坚守学高身正的原则，以身

作则，率先垂范，用自身的行动去影响和启迪学生。为了加强思想政治教师队伍的建设，我们应该围绕课堂教学这一主渠道展开工作。一方面，高校通过推进高校智库建设重点项目，吸引更多杰出优秀的人才加入马克思主义理论学科和大学生思想政治教育教学队伍。同时，高校应加大对马克思主义理论领军人才、中青年杰出人才的扶持力度，为他们提供广阔的发展空间和良好的工作环境。另一方面，高校可以实施导师制度，选聘教学经验丰富的中老年教师担任青年教师的教学导师。这种传、帮、带的方式可以有效提升青年思想政治教师的教学能力，使他们在老教师的指导下逐渐成长为合格的教育工作者。通过这种方式，我们可以确保教师队伍的整体素质和教学能力的持续提高。我们还应该鼓励教师在教学科研—培养充电—教学科研的交替循环中不断提升自己的综合能力。教师不仅要关注课堂教学，还要积极参与科研活动，通过不断学习和研究，更新自己的知识体系，提高自己的学术水平。

在深化教育改革的进程中，授课教材的重要性不言自明。教材作为知识的载体和教育的基石，对于培养学生的思想观念、科学素养、民族精神和时代意识具有重要的作用。因此，我们必须围绕课堂教学这一主渠道，明确教材编写的目标和底线，以提升教材的思想性、科学性、民族性、时代性、系统性为重点。我们需明确大纲要求，确立教育的核心目标，这不仅是对知识点的梳理与整合，更是对教育方向的准确把握。我们也要优化教材编撰体例，这是提高教育质量的关键。我们应该遵循系统化原则，将知识点有机地串联起来，形成完整的知识体系。此外，为了提高教材的吸引力和可读性，我们还应优化知识内容的表现形式。我们应尽量减少文件式语言的出现比例，使内容更加贴近学生的生活实际，增加学生的阅读兴趣。同时，规范注释及引用，确保信息的准确性和可靠性，为学生提供知识拓展的必要指引。为确保教育质量，我们也需要关注不同学生群体的理论基础差异，进而实现全局性的"普遍教育"与针对个体的"精准教学"相结合，从而优化教学效果。

（二）改进思想政治教育理论课授课方式

在新时代背景下，课堂教学不再仅仅是教师个人的独角戏，亦非墨守成规的一言堂，更不是仅仅局限于一节课的传授。紧抓新时代带来的新变化与新机遇，大学生思想政治教育工作者必须积极创新教学方法和手段，以此提升其课程的吸引力和感染力。

随着教育理念的更新和教学方法的改进，传统的单向灌输式教学方式已经无法满足现代思想政治教育教学的需求。我们需要将教学方式转变为灵活多变的双向交流。在这种教学方式中，教师不再是单纯的知识传授者，而是成为学生学习过程中的引导者和参与者；学生也不再是被动地接受知识，而是能够积极参与课堂讨论，发表自己的见解和看法。在思想政治教育教学过程中，教师可以运用启发式教学方法，引导学生深入思考和讨论社会热点问题和时事政治，帮助学生更好地理解和掌握相关知识。教师应该尊重学生的个性差异和兴趣爱好，允许他们在课堂上发表不同的观点和看法，鼓励他们勇于尝试和创新。这种互动式的教学方式可以激发学生的学习兴趣和热情，使他们更加主动地参与到学习过程中来。同时，教师也能从学生的反馈中获得更多的启示和思考，不断改进自己的教学方法和策略，实现教学相长。

对于当代大学生而言，他们生活在一个充满竞争和压力的环境中，渴望被理解、被关心。因此，大学生思想政治教育需要转变传统的冷漠说教方式，向情感沟通转变，以满足学生的心理需求。当代大学生很多都是独生子女，从小在家庭中缺乏兄弟姐妹的陪伴，生活中缺乏与同龄人的交流互动。在这样的生活背景下，大学生们更渴望与他人建立情感联系，希望得到他人的理解与支持。面对大学生的这种情感需求，大学生思想政治教育的主体应当积极调整自己的教育方式。首先，教育者需要学会倾听。倾听是沟通的基础，只有真正听取学生的心声，教育者才能了解他们的困惑与需求。其次，教育者需要给予学生理性、合理的建议和意见。在了解学生的问题后，教育者应当结合自身的经验和知识，为学生提供切实可行的解决方案。同时，教育者还需要关注学生的生活、情感和学习等方面的问题，帮助他们解决各种困难。在这样的氛围中，学生更容易接受教育者的引导和建议，从而实现教育目标。

（三）使各类课程与思政理论课同向同行

高校思想政治教育工作者必须深刻认识到，各门课程的课堂教学都是思想政治教育的渠道，而不单单只是思想政治课。除了传统的思想政治理论课，其他在中国特色社会主义实践范围内的课堂教学同样具有思想政治教育功能。这些课程通过各自独特的教学内容和方式，能够发挥提升大学生思想水平、政治觉悟、道德品质、文化素养的重要作用。因此，我们不能将大学生的思想政治教育简单地归结为思想政治理论课的教学任务，而是需要各门课程共同承担这一责任。

在现代教育体系中，各类课程的教学往往面临着重重挑战，尤其是如何有效地处理教学中的重点与难点问题。这些问题不仅仅是课程内容本身的难度，更是学生在学习、生活中所遇到的实际问题的反映。为了应对这些挑战，我们提出了结合学生实际问题的问题导入式、专题化教学方法。

问题导入式教学是一种以学生为中心的教学方式。它强调将大学生在现实生活中遇到的问题作为教学的起点，通过引导学生对这些问题的深入思考，进一步激发他们对背后理论的探索欲望。在各科教学实践中，加入问题导入式方法，以此来渗透思想政治教育是非常有必要的。通过问题导入，学生能够更加深刻地理解思想政治理论知识，进而将这些知识运用到实际生活中去，解决真实存在的问题。在预习过程中，教师可以将教学的重点、难点以案例分析或历史追溯的形式提前推送给学生，同时将思想政治教育融入其中，为课堂上的深入讨论做好准备。

专题化教学也是解决教学重点、难点问题的重要手段。专题化教学强调将教学内容与学生在学习、生活、情感中遇到的各种问题结合起来，寻找内容之间的交集。通过这种方式，专题化教学能够发挥其灵活性和深刻性的特点，帮助学生找到解决问题的切实可行的举措与办法。在这个过程中，各类课程在大学生思想政治教育中发挥着不可或缺的作用。它们不仅能够提供必要的理论支持，还能帮助学生在实际生活中运用所学知识解决问题。

二、利用网络多媒体开辟新阵地

（一）利用多媒体技术提升传统教育方法的感染力

自媒体时代，信息传播的速度和广度达到了前所未有的高度，它深刻地改变了人们的生活方式和信息获取习惯。在这样的背景下，传统思想政治教育方法虽然依然发挥着重要的育人育才功能，但也不可避免地面临着一些挑战。传统思想政治教育方法，大多以语言、粉笔、黑板等为媒介，教育者主导教学过程，以机械、朴素的方式进行思想政治教育教学。这种方式虽然有其稳定性和传承性，但在信息化、全球化的冲击下，其局限性也日益凸显。一方面，科技含量的相对较低使得传统方法的传播效果和感染力有限；另一方面，缺乏与时俱进的创新使得其难以满足大学生日益增长的信息需求。

基于这一背景，我们应充分利用网络信息技术平台，构建一个专门用于传播思想政治教育内容的网络阵地。这个阵地不仅应涵盖图文、声像、视频等多元化的信息传播形式，更要教育者与大学生进行平等而有效的沟通交流。在内容建设上，我们应重点培育一批文化内涵深厚、教育意义重大的精品网络思想政治教育项目。这些项目应紧密结合大学生的实际需求，以他们喜闻乐见的形式进行呈现。例如，可以开发一系列以社会主义核心价值观为主题的微电影、动画、漫画等，让大学生在轻松愉快的氛围中接受教育。此外，我们还可以打造一批具有吸引力、影响力和示范性的校园网络思想政治教育品牌。通过提升高校校园门户网站、新闻网站和思想政治教育专题网站的知晓度、关注度和参与度，我们可以进一步扩大网络思想政治教育的覆盖面和影响力。在教学方法上，我们应当充分把握新媒体的发展趋势，积极拥抱新技术，创新教学方式。通过采用图片、视频、音频等网络技术手段，我们可以创设出更加生动、形象的思想政治教育情境，让学生在身临其境的感受中，更加深入地理解和领会思想政治教育的内涵和要义。

思想政治教育主题网站不仅要提供信息服务、娱乐休闲和学习辅导，更要成为引导大学生关心国家社会发展、学校建设和自身成长成才的重要信息平台。为了增强网站的吸引力和影响力，思想政治教育主题网站需要不断创新，提供更多符合大学生生活、学习和情感需求的内容。例如，可以通过开展各种主题鲜明的知识竞赛、征文比赛等，吸引大学生积极参与，提高他们的思想政治教育水平。同时，教育者也可以将富有教育意义、正能量的电影、电视、歌曲等引入网站，使枯燥乏味的教育内容变得生动有趣，进一步激发大学生的学习兴趣和热情。教育者还可以通过开设各种互动平台，为大学生提供一个交流思想、分享经验的地方，促进他们之间的互相学习和成长。

(二)依托传统教育方法提升网络教育方法的说服力

网络思想政治教育方法作为一种新时代的教育手段,在大学生思想政治教育教学过程中展现出其独特的魅力。网络思想政治教育方法的独特优势源于其对信息技术的深度运用。通过网络平台,教育者可以实时传递教育内容,与学生进行互动交流,使教育活动不再局限于传统的课堂空间。同时,网络空间的虚拟性为学生提供了一个相对自由、开放的学习环境,有助于激发他们的学习热情和主动性。网络思想政治教育方法还具有信息传播的即时性和便捷性,使得教育内容能够迅速覆盖到每一个学生,提高教育效率。然而,尽管网络思想政治教育方法具有诸多优点,但它的产生、形成与发展并非与空中楼阁一般,而是建立在传统思想政治教育方法的基础之上。传统思想政治教育方法,如理论教育法、实践锻炼法、榜样示范法等,经过长期的历史沉淀和实践检验,已经形成了一套相对成熟、完善的教育体系。网络思想政治教育方法要想发挥育人的作用,增强自身说服力,就必须依靠传统思想政治教育方法的支撑。例如,在网络教育中,教育者可以通过理论教育法来引导学生深入理解思想政治理论。同时,实践锻炼法和榜样示范法也可以在网络教育中得到很好的应用。教育者可以组织学生在网络平台上进行实践活动,如志愿服务、社会调查等,以提高学生的实践能力和社会责任感。此外,教育者通过网络平台展示优秀人物的先进事迹和崇高精神,可以激励和引导学生向榜样看齐。

(三)转变教育理念实现传统方法和现代方法的结合

一是要尊重学生的主体性。在教育领域,我们面临着从传统教师主导模式向双向互动模式的转变。这种转变不仅体现在教育理念上,更需要在教育实践中得到贯彻。过去,教育往往过于强调教师的灌输和说教,而忽视了学生的主体地位和能力的培养。然而,现代教育理念强调学生的参与和互动,注重培养学生的自主学习能力和创新精神。学生不再是被动接受知识的容器,而是主动参与学习过程的主体。我们应该借助新媒体技术的优势,采用专题式、讨论式、案例式等多种教学方法,促使他们主动学习和思考。同时,这些方法也能够帮助学生更好地理解和应用所学知识,提高他们的实践能力和综合素质。

二是要增强交流互动。新媒体的运用不仅可以加强师生之间的信息交流,还能有效促进教育方法的创新与优化。我们必须注重运用新媒体的信息即时互通互动功能,强化教师、学生与学校之间的信息共享与沟通。这既可以拉近师生之间的距离,增强彼此之间的信任感,还能有效提高教学质量和效果。通过新媒体平台,教师可以及时了解学生的学习情况和思想动态,而学生也可以随时向教师请教问题、寻求帮助。这种双向的信息交流,使得教育过程更加具有实效性。学生正处于成长发育的关键时期,他们面临着各种各样的困惑和问题。我们要注意贴近学生的实际生活,及时回应他们关注的热点问题,善于利用新媒体平台,通过发布相关资讯、开设在线讨论等方式,引导学生积极参与社会热点问题的讨论,提高他们的思辨能力和社会责任感。

三是推进"思想政治教育+互联网"。依托和利用互联网新媒体技术和手段,我们可以更加有效地推进思想政治教育理论课程教学的改革。在当前社会背景下,热点问题层出不穷,难点问题也层出不穷,如何将这些社会现象与课堂教学紧密结合,成为我们面临的重要任务。传统的思想政治教育往往注重理论灌输,而忽视了学生的实际需求和关注点,并且往往采用单一的讲授方式,缺乏互动和趣味性。因此,我们应该充分利用互联网新媒体技术的优势,了解学生的兴趣点和需求,将课堂教学与学生的实际需求相结合,采用多种教学形式,如小组讨论、案例分析、角色扮演等,使课堂更加生动有趣,激发学生的学习兴趣,从而更好地引导学生。

第三节 搭建立体化思想政治教育平台

一、"立体化"学生工作平台的运行保障

(一)建立自我服务机制

在立体化的学生工作平台搭建后,确保其可以实现有效运作并持续发展,是摆在高校面前的问题。因此,要实现有效管理和平台建设,高校必须有一个坚强有力的团队作为支撑,建立自我服务机制。这个团队不仅要具备丰富的专业知识和实践经验,还要能够传承和延续学生工作的优良传统,不断创新和发展。同时

高校还可以举办一系列有影响力、有特色的活动，可以吸引更多学生参与其中，提升学生工作平台的影响力和凝聚力。这些活动能够为学生提供更多的锻炼机会和展示平台，有助于提升学生的综合素质和竞争力。一些高校通过团工委、学生会、学生党建工委等学生骨干分部门负责平台的运营，既满足学校的实际需要，也创新了学生管理模式。学生骨干们通过参与平台的运营和管理，不仅能够锻炼自己的组织能力和领导能力，还能够更好地了解同学们的需求和意见，为平台的改进和发展提供有力的支持。

（二）以新媒体技术为载体

年轻一代的大学生，具备极强的学习新事物的能力和热情，因此网络成为他们获取外界信息、关注时事热点的重要途径。近年来，许多高校敏锐地捕捉到了时代的脉搏和学生群体的变化，纷纷设立了公共微信平台。这些微信平台的形式多样，它们的功能也各不相同。有的作为由学生自主管理和推送重要信息的平台，有的则是学院官方信息发布和互动交流的窗口，还有的专注于为学生求职创业和用人单位招聘合作提供全方位的服务。通过这些微信平台，学生们可以接触到丰富多样的内容，包括历史文化科普、影视文学欣赏、公务员考试指导、就业面试技巧、学校活动新闻、课程学习经验分享等，几乎"立体化"地涵盖了学生学习和生活的各个方面，对学生工作平台活动和思想进行了有效的宣传。这种以点带面的宣传方式，不仅增强了信息的辐射效果，也提高了网络思想政治教育的吸引力和影响力。

二、构建立体化线上线下协同育人模式

鉴于当前网络环境的普及，00后大学生在网络生活与现实生活中的融合已成为显著趋势。对此，高校必须积极强化线上线下的协同育人工作，这是大学生思政教育的必然趋势。我们必须顺应这一潮流，立足长远，致力于解决观念理念、体制机制和协同缺失等问题。同时，高校应积极探索符合各高校实际的大学生思政教育线上线下协同育人的可行模式。鉴于线上与线下思政教育各自在不同领域的优势和局限性，为实现二者的合力与协同育人目标，高校思政教育工作者必须审慎选择优势互补的协同模式，并在教育实践中加以应用。近年来，我们在大学

生思政教育工作实践中,已探索出以下四种协同模式。

第一种是以线下为主、线上为辅的协同模式。线下教育能够为学生提供真实、直观的学习体验,特别是在思想政治理论课的教学中,面对面的交流能够帮助学生更深入地理解理论知识。此外,社会实践活动、素质拓展活动以及体验式教学活动等也是线下思政教育的强项,它们能够让学生在实践中感悟真理,增强社会责任感。然而,仅仅依靠线下教育已经无法满足现代教育的需求。在这个信息时代,线上教育以其便捷、高效的特点,为思政教育开辟了新的道路。将线下为主、线上为辅的协同模式应用于大学生思政教育,是一个具有前瞻性的选择。通过这种模式,我们可以将线下的活动同步到线上,为线下思政教育接入"网络"的翅膀,实现新的飞跃。这样一来,线上线下教育就能实现无缝对接,形成互动与协同的良好局面。

第二种是以线上为主、线下为辅的协同模式。线上思政教育具有诸多优势,尤其在即时交流与互动、开展自由论坛、张扬自我个性等方面表现突出。通过微博、QQ空间、QQ群、微信群、电子邮箱等网络平台,思政教育工作者可以将教育的触角延伸到大学生的网络生活中,更深入地了解他们的精神世界和内心需求。这些线上平台不仅为大学生提供了表达自我、交流思想的自由空间,还为思政教育工作者提供了丰富的教育素材和实时反馈。然而,线上教育并非万能的。在某些情况下,线上教育可能难以触及大学生的内心,或者教育效果不佳。这时,线下教育的重要性就凸显出来了。线下教育可以通过交流互动、实践活动和心理咨询等方式,对线上了解到的学生思想动态及问题进行有针对性的干预和帮助。这种线上为主、线下为辅的协同模式,对大学生进行思想政治教育可以实现网络思政教育的现实回归,更好地服务于广大大学生的成长与发展。

第三种是线上线下并行推进、各尽所长的协同模式。纯粹的线上或线下模式都有其局限性。在难以分清线上线下谁优势谁劣势的领域,或者需要分别推进的领域,以及线上线下融为一体的领域,这种协同模式显得尤为重要。我们既要在线上抢占阵地,打造网络思政教育主题网站,通过加强和改进网络内容建设,发出科学、文明、正义、和谐的声音,也不能忽视线下的基础教育工作。通过自主育人、文化育人、教学育人、管理育人与服务育人等多种方式,我们可以夯实大学生思政教育的基础,培养学生的综合素质,为他们提供实践锻炼的机会,使他们在实践中增长才干、锤炼品质。线上线下两类工作并行不悖，共同推进，实现线上线下相结合、全覆盖。这种协同模式不仅充分发挥了线上线下的各自优势，还实现了二者的互补和协同。

第四种是以新媒体为平台实现线上线下一体化的育人模式。以高校现有的校园思政专题网站为依托，构建线上线下一体化的服务与教育体系是至关重要的。这一体系需要融合门户网站、微信、微博、客户端、电话、短信、邮件等多种渠道，形成一个全方位、多层次的信息传播和服务网络。通过这一网络，高校可以更加便捷地发布思政信息，开展教育活动，同时也可以更加及时、有效地接收学生的反馈和投诉。高校需要打破传统的实体服务机构和线上信息平台的界限，将两者紧密结合起来，形成一个统一的服务体系。例如，高校可以通过线上平台提供心理咨询、法律咨询、辅导答疑等服务。高校需要着力构建畅通多层次、多角度、全覆盖的教育与服务渠道，利用新媒体的优势，将思政教育与学生的日常生活紧密结合起来，形成具有高校特色的育人模式。

第四节　提升网络舆情引导的专业性

一、注重网络舆情的常态化监管，科学引导网络舆情

（一）重视网络舆情，转变执政理念

在当今信息时代，网络舆情已成为反映社会动态、民情民意的重要窗口。因此，正确对待网络舆情，不仅关乎政府的形象和公信力，更关乎社会的稳定与和谐。我们必须深刻认识到网络舆情的极端重要性，以积极主动、包容开放的心态来应对群众的网络监督和网络问政。将网络舆情当作了解社情民意的新渠道，是我们应对网络舆情的关键。通过深入分析网络舆情背后的深层次现实问题，政府可以更加精准地把握民情民意，为制定更加科学合理的政策提供有力支持。同时，这也有助于打造"勤关注、勤倾听、勤回应"的服务型政府，提升政府的服务水平和社会治理能力。

（二）打造互动平台，提升政府形象与公信度

完善政府网站和政务微博，开放互动平台。政府官方网站作为政府的权威信息门户和动态资料库，承担着政务公开、便民互动及收集网络问政信息的重要职责。为了充分发挥这一作用，我们需要进一步完善政府网站的互动功能。具体而言，政府可以通过开通网上信访、投诉建议的互动平台，建立高效互动机制，使公众能够方便快捷地表达自己的诉求和意见。同时，政府网站还应加强权威信息发布和政策解读功能，引导网民理性探讨问题、表达意见，从而协调不同利益群体之间的关系，维护大多数群众的利益。此外，随着社交媒体的普及，政务微博已成为政府与公众互动的重要渠道。政务微博具有传播速度快、互动性强等特点，能够迅速传递政府信息，回应公众关切。为了充分发挥政务微博的作用，我们需要重视其系统性建设，研究探索"政务微博群"的建立完善。具体而言，可以由省、市一级政府部门牵头组织，按照政府各部门的自然组织结构建立一个自上而下的政务微博群，方便信息上传下达，实现高效沟通。在政务微博的运行过程中，信息的更新、收集、上报、反馈等环节都至关重要。因此，我们应安排专人对这些信息进行及时更新和整理，确保信息的准确性和时效性。同时，我们还应建立健全信息上报和反馈机制，使政府部门能够及时了解公众的需求和关切，并作出相应的回应和处理。

二、增加舆情危机的应急处置能力，有效应对网络舆情

（一）增强对舆情危机的快速回应和沟通

首先，快速回应网络热点是舆情引导的关键。网络舆情的传播速度极快，一旦热点事件爆发，很容易在短时间内引发广泛关注。因此，我们必须高度重视舆论引导的作用和价值，迅速行动，及时澄清事实真相。在这一过程中，我们要充分利用现代科技手段，如大数据分析、人工智能等，精准识别舆情走势，把握网民关注焦点，主动回应网民质疑。同时，我们还应注重与网民的沟通互动，倾听他们的声音，理解他们的诉求，尽快化解对立情绪，防止舆情进一步演变恶化。

其次，借助主流媒体的力量，把握舆情引导的主动权。主流媒体具有广泛的

传播渠道和强大的影响力，是舆情引导的重要力量。我们应加强与主流媒体、相关管理部门的密切配合，形成合力，共同应对网络舆情挑战。通过主流媒体的平台，我们可以及时发布权威信息，引导网民理性看待热点事件，有效掌握舆论话语权和引导主动权。

最后，完善网络媒体议程设置，提升舆情引导的影响力。议程设置是舆情引导的重要手段之一。我们可以通过设置专版、专题、热帖评论等方式，吸引网民的注意力，引导他们关注重要议题。

（二）增强对舆情处置的汇总研判和问责

网络舆情数据信息已经成为影响社会稳定、塑造公众认知、引导社会舆论的重要因素，这就自然体现出督办工作的重要性。主管部门通过全面汇总、登记相关信息和数据，能够掌握网络舆情的整体态势，了解公众关注的焦点和热点，从而进行有针对性的应对。这样的汇总研判，不仅是对网络舆情的科学尊重，更是对舆情积极而务实的回应。同时，督办工作还需要加强对问责处理的落实。完善的问责机制是维护社会稳定、展现政府担当、树立政府公信、挽回政府形象的重要一环。地方党委政府及各部门应在充分调查取证并深入分析的基础上，查清事实真相，对责任相关单位和个人进行问责处理并督办落实。这不仅能够稳定社会公众情绪，维护社会稳定，还能够展现政府的担当和决心，树立政府的公信力和形象。

三、搭建完善网络舆情引导的长效机制

（一）成立政府相关机构，建立舆情引导多方联动机制

网络舆情的处置工作涉及宣传、文化、民政、信访、公安、网络等多个职能部门，这些部门各自承担着不同的职责和任务。因此，我们需要成立一个由党政主要领导挂帅的网络舆情监管领导小组，该小组负责统筹协调各部门的工作，确保舆情处置的高效顺畅。在此基础上，我们还应该完善机构设置，抽调专门人员，加强各部门的沟通与合作，形成一个联动体系，共同应对网络舆情。在面对突发性重大舆情时，我们需要做好应急预案。预案应该包括舆情预警、应对措施、信息发布、危机解除等多个环节。在实际应对过程中，我们要根据实际情况对预案

进行适当修正和调整，坚持统一领导、多部门联动、各司其职的原则，迅速展开应对处置工作，确保网络舆情的科学高效引导。

（二）培养"专业型"人才，优化政府网络新闻发布机制

我国网民以年轻人为主力军，他们充满活力和热情，但由于社会阅历相对不足，对事件的解读往往容易出现偏差。然而，这股年轻力量，他们能够快速集结，形成一股强大的网络动员力。因此，我们必须充分认识到这股力量的重要性，并采取有效措施来加以引导。我们需要集中力量打造一批在特定领域具有公信力和影响力的网上民意主导者队伍。这些主导者应具备丰富的专业知识、敏锐的观察力和良好的表达能力，能够在关键时刻发出正确的声音，引导网民理性看待问题，帮助网民提高对信息的鉴别力和客观理解力，从而实现网络舆情引导的良性循环。同时，我们还需要组建一支成熟完善、有影响力和公信力的政府新闻发言人队伍。这些发言人应具备丰富的政府工作经验和出色的沟通能力，能够及时向公众传达政府的声音和立场。除了打造网上民意主导者队伍和政府新闻发言人队伍外，我们还应重视网络意见领袖的作用，通过关注他们的言论和观点，我们可以更好地了解网民的需求和意见，从而更有效地引导网络舆情。在引导网络舆情的过程中，我们还必须严格信息发布程序，坚持"谁发布谁负责"的原则。这要求我们在发布信息时，必须确保信息的真实性、准确性和即时性，避免负面和虚假信息在互联网上传播。同时，我们还应严肃宣传纪律，提高网上新闻发布工作的科学化、规范化水平，确保向群众提供真实、快速、正面的信息。

（三）增强监督检查，引入舆情引导考核激励机制

加强监督检查是提高舆情监督引导工作实效性的关键。政府要建立健全舆情监督机制，加强对舆情传播渠道的监管，及时发现和处理舆情问题。政府通过监督检查，可以及时发现工作中的不足和问题，并采取相应措施加以改进，从而提高舆情监督引导工作的质量和效率。引入舆情引导绩效考核和奖惩激励机制是发挥政府网络舆情引导作用的重要手段。政府要将舆情引导工作纳入绩效考核体系，明确考核标准和要求，对舆情引导工作成效进行量化评估。同时，要建立奖惩激励机制，对表现优秀的舆情引导工作人员给予表彰和奖励，对工作不力的人员进行问责和处罚。

四、思政课教学对网络舆情引导的策略

（一）聚焦学生网络舆情所需，针对性引导

思政课教师在备课过程中，应深入研究教材内容，同时密切关注舆情动态。大学生作为网络使用的主力军，他们的思想观点、价值取向往往受到网络舆情的影响。因此，思政课教师需要深入了解大学生的思想特点，把握他们的网络舆情动态，选用有代表性和针对性的网络舆情作为教学素材。在引入热点问题前，思政课教师需要认真准备，不仅要了解热点问题的背景、发展脉络，还要对其可能引发的社会影响进行深入研究。通过精心设计，将热点问题与教材内容相结合，使课堂教学更具时代感和针对性。思政课教师需要具备预测和判断网络舆情发展趋势的能力。在教学过程中，教师适时地将网络舆情与教学内容相契合，进行分析和引导，帮助大学生理性看待网络舆情。此外，思政课教师在网络舆情引导中还应发挥自身的榜样示范作用。由于思政课教师在学生心中具有一定的权威性，他们的言行举止往往会对学生的思想和行为产生深远影响。思政课教师应以身作则，用正确的价值观、道德观引导大学生，帮助他们树立正确的网络舆情观念。

（二）"先声"夺人，树立权威、价值导向

网络作为信息的集散地，具有信息传播迅速且便捷的特点。一般而言，社会突发事件发生后约两小时，相关信息便会迅速在网络上涌现。大约六小时后，这些内容便会被其他网站广泛转载，进而吸引大量网民的关注和讨论。在这一过程中，若正面声音未能及时跟进，负面信息便可能乘虚而入，对社会舆论产生不良影响。高校思政课教师需要关注网络、媒体等渠道发布的新闻、评论和观点，敏锐地捕捉舆情信息，应当及时关注学生群体中的讨论和反馈。通过收集和分析这些信息，教师可以了解当前社会热点和学生关注的焦点，为后续的课堂教学提供有力的支撑。并且思政课教师须以担当的责任和果敢的态度，对正处于萌芽和酝酿阶段的舆情作出前瞻性判断，深入分析舆情事件的本质、背景和影响，预测其可能的发展趋势，并思考如何引导学生正确看待这一事件。思政课教师还需要努力掌握话语权，将热点事件产生的相关背景、目前对热点事件形成的官方或者权威的看法以及自身的客观评述，及时地借助各种媒介平台在学生群体中分享、转

载与传播。在此过程中，教师需要注重语言的准确性和客观性，避免过度渲染或误导学生。通过及时地分享和传播，学生可以对网络事件以及相关的态度、观点有着预先的认识与判断。这有助于提高学生的媒介素养和批判性思维能力，使他们在面对各种舆情事件时能够保持理性、客观的态度。在舆情传播的过程中，思政课教师应积极与学生进行沟通互动，以掌握舆情引导的主动权，在授课过程中，思政课教师应充分利用课堂这一平台，结合网络热点和典型事件，有针对性地设置议程，与学生进行深入的交流讨论。在此过程中，思政课教师应秉持开放包容的态度，充分理解、体谅和尊重学生，切实保障学生的知情权、参与权，耐心倾听学生的意见和建议。同时，思政课教师还应灵活运用官方话语，结合专家意见，为学生提供权威、正确的信息解读和价值引导，帮助学生全面了解事件真相，消除负面情绪和疑虑，树立正确的价值观和世界观。

（三）发掘课堂教学网络新载体，占据舆情引导新阵地

网络作为当代社会信息传播的重要载体，不仅整合了海量的信息资源，也成为舆情发酵的源头。因此，对于思政课教师而言，深入发掘和利用网络平台显得尤为重要。这不仅是适应信息化时代教育发展的需要，更是提升思政课教学质量、引导学生正确看待网络舆情的重要途径。近年来，慕课（MOOC，即大规模在线开放课程）作为一种新型的网络在线教学模式，正逐渐改变着传统的高等教育格局。对于高校思政课而言，慕课的出现无疑为其网上课堂教学打开了一扇新的大门，提供了一种全新的教学思路。慕课教学模式的最大特点在于其颠覆了传统的以教师为中心的课堂教学方式，转而以学生为中心，实现了真正的翻转课堂教学。在慕课中，教师不再是单一的知识传授者，而是转变为学习引导者和辅导者，而学生则成为学习的主体和主导者。这种教学模式的转变，使得思政课的教学内容更加新颖、生动、有趣和丰富，大幅提升了学生的学习兴趣和积极性。许多思政课教师开始探索创新教学方式，将课堂教学内容制作成简短、有趣的慕课教学视频，并通过学校网站等各种平台进行传播。这种教学方式的出现，符合大学生接受信息的新特点。这些视频通常只有几分钟到十几分钟不等，内容简短精练，知识点明确，非常适合大学生在课余时间进行碎片化学习。同时，慕课教学视频还具有很高的趣味性和互动性。通过生动的画面和有趣的讲解，教师可以将抽象的马克思主义理论知识变得形象生动，让大学生更容易理解和接受。此外，这些视频还常常包含一些互动环节，如问答、讨论等，让大学生可以积极参与其中，增强学习效果。此外，对于高校思政课教师而言，学校主题网站及相关媒介，诸如校园微信、校园微博、校园论坛等，均可以作为开展教学活动有效利用的新型教学平台。

（四）多方联动配合，共建舆情引导合力

在充分尊重并保障广大网民言论自由的前提下，政府也要采取技术手段对网络空间实施严格监管，对舆情信息展开实时监测与调控。特别是针对那些反社会主义、反共产主义的言论和信息，以及违法和不良内容，政府有必要进行删除和限制传播，以遏制其负面影响的扩散。同时，政府应致力于完善相关法律法规，推动网络空间法治化进程。这将有效规范网民的网络行为，坚决打击网络谣言，并依法惩处网络违法行为。一旦网络舆情或舆论出现，政府需通过制定相应政策、借助新闻媒体发布信息与评论等多种方式，迅速对网络舆情进行权威引导，积极回应网民关切，满足其合理期待，营造一个健康有序的网络环境，进而促进社会的和谐稳定与发展。

网络媒体作为网络信息的重要载体与传播平台，拥有巨大的传播力与影响力，因此，加强行业自律、净化网络生态空间显得尤为重要。网络媒体应以高度的责任心维护网络信息的传播，这既关系到自身的公信力，也关系到社会的稳定与安全。网络媒体需加强自我约束与行业自律，应做好以下几点：第一，网络媒体要承担起信息传播的责任，严格把控信息质量。第二，网络媒体要具备自律意识，遵守网络道德与法规，不报道和传播违法、不健康的信息，同时保持信息报道与传播的客观、公正，及时向网民澄清事实真相，消除谣言与恐慌。第三，网络媒体应肩负使命感与紧迫感，主动引导网络舆论热点，合理疏导网民情绪，积极传播主流文化与声音，努力化解社会矛盾，促进舆论环境和谐稳定，以更好地发挥其在维护社会安定等方面的积极作用。

学校应构建并强化保障机制。首先，学校相关部门需运用信息技术手段，积极收集并分析网络舆情信息，整合相关资源，并及时向思政课教师进行反馈，以减轻其工作负担，使其能更专注于舆情引导工作。其次，高校应完善对思政课教

师的培训机制，包括网络技术培训和政治素养提升两个方面，以提高其对网络舆情的识别、鉴别能力以及政治敏锐性。再次，高校还应建立激励机制，为思政课教师提供必要的物质与精神奖励，增强其自信心和荣誉感，使其在舆情引导工作中不畏困难，勇往直前。最后，学校应与其他校园媒体及部门紧密合作，形成统一行动，共同支持思政课教师的网络舆情引导工作，确保舆情导向正确，维护校园稳定与和谐。

参考文献

[1] 陈志勇. 新媒体时代的大学生思想政治教育 [M]. 北京：中国文史出版社，2014.

[2] 屈晓婷. 新媒体时空解码：大学生思想政治教育研究 [M]. 北京：北京交通大学出版社，2015.

[3] 王爽. 新媒体时代大学生思想政治教育的挑战与创新 [M]. 北京：中国言实出版社，2014.

[4] 陈志勇. 新媒体时代的大学思想政治教育 [M]. 北京：中国文史出版社，2014.

[5] 郑吉春，王秀彦. 明德正行：新媒体时代大学生思想政治教育研究论文集 [M]. 北京：北京工业大学出版社，2015.

[6] 刘想树. 新媒体时代的大学生思想政治教育 [M]. 北京：中国文史出版社，2015.

[7] 赵汉杰. 当代大学生思想政治教育的创新研究及新媒体路径的实践探索 [M]. 北京：中国书籍出版社，2017.

[8] 王美春. 新媒体时代大学生思想政治教育的发展与创新研究 [M]. 北京：九州出版社，2020.

[9] 刘美红. 新媒体环境下大学生思想政治教育的创新思考教学方法及理论 [M]. 北京：中国纺织出版社有限公司，2022.

[10] 朱金山. 新媒体与大学生思想政治教育研究 [M]. 长春：吉林出版集团股份有限公司，2021.

[11] 吴彦霞. 新媒体短视频背景下大学生思想政治教育的路径与对策研究 [J]. 互联网周刊，2023，（21）：40-42.

[12] 杨墨欣. 新媒体对大学生思想政治教育的影响及对策研究 [J]. 现代职业教育，2023，（30）：153-156.

[13] 蒋百平.新媒体环境下大学生思想政治教育创新路径研究[J].南宁师范大学学报（哲学社会科学版），2022，43（01）：82-93.

[14] 菅康康，姜华帅，何桂明.新媒体助力优化大学生思想政治教育传播路径[J].甘肃教育研究，2023，（05）：83-85.

[15] 于奕.新媒体环境下大学生思想政治教育创新路径研究[J].新闻研究导刊，2023，14（06）：53-56.

[16] 边建功.新媒体时代大学生思想政治教育载体探赜[J].黄冈职业技术学院学报，2023，25（01）：56-60.

[17] 崔燕.新媒体下大学生学习观嬗变及其思想政治教育策略转向[J].北京经济管理职业学院学报，2023，38（03）：67-73.

[18] 解逸轩.新媒体环境下大学生思想政治教育创新路径研究[J].新闻研究导刊，2023，14（17）：207-209.

[19] 任泓璇，任绍芳.新媒体环境下大学生思想政治教育的有效创新[J].忻州师范学院学报，2023，39（04）：113-117.

[20] 张禧嘉.新媒体背景下大学生思想政治教育个性化培养模式研究[J].湖北开放职业学院学报，2023，36（08）：118-119+122.

[21] 李朗.大学生思想政治教育新媒体利用研究[D].广州：华南师范大学，2012.

[22] 曾军顺.新媒体环境下大学生思想政治教育研究[D].太原：中北大学，2012.

[23] 石霞香.大学生新媒体思想政治教育主体性研究[D].福州：福建农林大学，2012.

[24] 林超.新媒体对高校大学生思想政治教育的影响及对策[D].福州：福建师范大学，2013.

[25] 桂卫林.新媒体环境下的大学生思想政治教育研究[D].北京：中央民族大学，2011.

[26] 胡小芹.新媒体背景下大学生思想政治教育创新研究[D].武汉：华中师范大学，2014.

[27] 李丹.新媒体视野下大学生思想政治教育创新研究[D].徐州：中国矿业大学，2014.

[28] 曹燕宁.新媒体环境对高职院校大学生思想政治教育的影响与策略[D].苏州：苏州大学，2010.

[29] 刘刚.新媒体环境对大学生思想政治教育的影响及对策研究[D].天津：天津师范大学，2015.

[30] 袁萌莎.运用新媒体开展大学生思想政治教育的对策研究[D].北京：北京交通大学，2014.